子どもが変わる 運動能力を伸ばす育て方

キッズフィットネススクール ルートプラス 代表
伊藤一哉著 Kazuya Ito

Forest
2545
Shinsyo

はじめに　運動オンチの子どもはいない！

はじめまして。

子どもたちの運動指導と指導者育成を専門に、九州・関西にて１０００人以上の子どもたちに運動の楽しさを伝えている、「キッズフィットネススクール　ルートプラス」代表の伊藤一哉と申します。

さて、あなたのお子さんは運動が得意ですか？

そうでなくても、お子さんは運動が好きですか？

こう尋ねると、ほとんどのお父さん、お母さんは、「まぁまぁ得意です」「まぁ、好きなほうじゃないですか」などと答えます。しかしその後、運動について詳しくお話しすると、多くの方が知っているようで知らないことがたくさんあることがわかります。

運動能力というのは、遺伝要素、環境要素、習慣要素などから構成されており、学校の体育の成績、体力テストの結果だけでは、お子さんの運動能力はほとんどわからないということをご存じでしょうか？

実は私も、小学校の頃は運動が苦手でした。かけっこは遅く、球技も苦手、運動に秀でている友達を見るたびに、うらやましく思っていたものです。

とくに、父親が中学校体育教師ということから、周囲の同級生や大人たちの「伊藤先生の子どもはできて当たり前」というプレッシャーがのしかかり、とても苦しかった思い出があります。

私は、こうしたプレッシャーにより、運動へのチャレンジがおろそかになってしまいました。そして、運動能力が上がらないために運動ができない、だから結果的に、運動をやらないという悪循環に陥っていました。

しかし、そんな私にも運動が好きになる〝きっかけ〟がありました。

そのきっかけとは、庭に買ってもらったバスケットゴールです。小学2年生のときに実家の庭に設置されたバスケットゴールは、子どもの目から見ればとても大きなものであり、当時、ボール運動ができない私からすれば途方もなく高いゴールだった覚えがあります。

あの大きくて重いバスケットボールを投げても届くわけがないと思っていた私に、「大きく膝《ひざ》を曲げて、全身の力を使って、『届け！』と願って投げてごらん。そうしたら、きっと入るから」と、父がアドバイスをくれました。

私は父に言われたとおりに全力で取り組みました。これがスポーツに対して、人生で最初の全力で取り組んだ経験かもしれません。

その結果、ナイスシュートが決まるようになりました。しかも、リングに当たらないキレイなゴールが。このときの感動と興奮は今でも忘れません。私にとってこの瞬間が運動を好きになっていくきっかけでした。

このちょっとした成功体験から、その後、私はたくさんのスポーツに積極的に取り組み、今では『スポーツの先生』をするまでになりました。ですから、子どもというのは、1人ひとりにそれぞれ必ずきっかけがあると考えています。

さて、私はこれまでたくさんの子どもたちに、かけっこ、体操、なわとび、とび箱、マット、空手、剣道、サッカー、バスケットボール、バレーボール、ラグビー、テニスなどさまざまな運動を教えてきました。

運動が得意な子、苦手な子、そもそも体を動かすことが好きではない子など、いろいろな子どもがいましたが、どんな子どもたちも〝きっかけ〟をもとに、体育や運動が好きになり、自分を好きになり、自信を持ち、卒業していきました。

この本では、そんな子どもたちと汗を流した毎日から得た『子どもの運動能力を伸ばすコツ』やお子さんと一緒にできる『子どもを運動好きにする方法』をお伝えできればと思っております。

この本の各章では、次のようなことを解説していきます。

第1章では、子どもが運動を好きになると何がいいのか、運動能力が伸びると良い意味での副作用が生まれることについてお話しします。これは、私の運動教室の生徒たちが自然と身につけていった成果でもあります。

第2章では、先ほども述べましたが、子どもが運動好きになるきっかけや、親がやらせたい運動と子どもが好きになる運動は違うこと、また、運動能力を伸ばすために欠かせない3つの力や人間に備わっているスポーツ遺伝子について簡単に解説していきます。

第3章では、第2章で述べた、運動能力を伸ばすのに欠かせない3つの力を養うために、親子で一緒にできるエクササイズについて具体的にお伝えしていきます。

第4章では、あなたにも子どもに教えられる具体的な運動種目の攻略法についてお教えします。

とくに、幼稚園から小学校にかけて必ずお子さんが壁にぶつかる「かけっこ（足が速くなる方法）」「鉄棒（逆上がりができるようになる方法）」「なわとび（なわとびにおける上手な体の動かし方）」「とび箱（恐怖心を克服する方法）」の4つについて解説していきます。

第5章では、小学校に入ると全国ほとんどの学校で行われる「新体力テスト」の点数アップ法についてお伝えします。

「握力」「上体起こし」「長座体前屈《ちょうざたいぜんくつ》」「反復横とび」「20メートルシャトルラン」「50メートル走」「立ち幅とび」「ボール投げ（ソフトボール投げ）」の8つの種目について、あなたでも簡単に子どもに教えられるポイントを伝授いたします。

そして、最後の6章で、子どもが運動を続けられる習慣術をお話しします。

昨今、子どもが人並みに運動できるようになってほしいという多くの保護者の方が私の運動教室にやって来ます。そして、初めは体を動かすことが苦手な子も、卒業する頃には、運動が大好きになって運動能力も人並み以上に成長していきます。

ですから、私は「運動オンチな子どもはいない」と確信を持って言えます。たとえば、逆上がりができた、かけっこで1等賞が獲れたなど、何かのきっかけで子どもたちはグングン成長していきます。

この本が、子どもたちに無類の愛情を注《そそ》ぐ保護者のみなさんや指導者のみなさん、懸命に努力するお子さんそれぞれの〝きっかけ〟となり、1人でも多くの子どもたちが運動を楽しく続けていただければ幸いです。

キッズフィットネススクール ルートプラス 代表
伊藤　一哉

目次

子どもが変わる
運動能力を伸ばす育て方

序章

子どもたちが危ない！体を動かすことが少なくなった現代っ子

第1章 子どもの運動能力が伸びれば、大人になっても安心!?

第2章

あなたの子どもの運動能力を最大限に伸ばす要素

第3章
子どもの運動能力を伸ばす、親子でできる3つのエクササイズ

第4章

子どもに教えられる「逆上がり」「かけっこ」「なわとび」「とび箱」攻略法

第5章

小学校必須の「新体力テスト」攻略法

第6章

運動能力を伸ばすための習慣

序章

子どもたちが危ない！
体を動かすことが
少なくなった現代っ子

子どもたちの運動に関する4つの大きな変化

突然ですが、子どもたちの運動能力が年々低下していることをご存じですか？

文部科学省が行っている「体力・運動能力調査」の結果から、子どもの体力・運動能力は、昭和60年（１９８５年）頃から現在まで、ずっと低下傾向が続いています（次ページ参照）。

最近の子どもの測定結果と、その親世代である30年前とを比較すると、ほとんどの項目において、子ども世代が親世代を下回っています。一方で、身長、体重などの体格についても同様に比較すると、逆に親の世代を上回っています。

このように、体格が向上しているにもかかわらず、体力・運動能力が低下していることは、身体能力の低下が深刻な状況であると推測できます。

では、この現象はどうして起こったのでしょうか？

体格がよくなり、運動能力が低下している現代っ子

●運動能力を比べると……

	11歳男子	
	1985年	2014年
50メートル走（秒）	8.8	8.9（▼0.1）
ソフトボール投げ（メートル）	34.0	27.9（▼6.1）

	11歳女子	
	1985年	2014年
50メートル走（秒）	9.0	9.2（▼0.2）
ソフトボール投げ（メートル）	20.5	16.4（▼4.1）

●体格を比べると……

	11歳男子	
	1985年	2014年
身長（センチ）	143.2	145.1（△1.9）
体重（キロ）	36.5	38.4（△1.9）

	11歳女子	
	1985年	2014年
身長（センチ）	145.5	146.8（△1.3）
体重（キロ）	37.8	39.0（△1.2）

公益財団法人日本レクリエーション協会HPより作成

考えられる要因は、受験などによる学力重視の現状により運動を軽視してきたことや、食生活の欧米化による肥満児の増加、外遊びをする場所の減少や、不審者の増加により子どもだけで遊ばせることができない社会環境など、理由はさまざまですが、私が全国を指導してきて、最近とくに感じる〝変なところ〟をお伝えします。

1．公園での遊び方が変わってしまった!?

私は公園で子どもたちの遊ぶ様子を見ることや、一緒に遊ぶことが大好きです。大人同士と違い、簡単に他人という壁を乗り越え、あっという間に友だちになります。そして、遊びという運動のなかでたくさんの力を身につけていきます。

そんな日々の公園遊びのなかで、関わる子どもたちに運動のヒントをたくさん伝えてきましたが、最近の公園にはちょっと〝変なところ〟があるのです。

公園から子どもたちの楽しそうな声がしていることには変わりはありません。でも、声の方向に近づくと、その光景に唖然《あぜん》とします。なんと小型ゲーム機を握りしめ、ゲームをしているのです……。

体はいっさい動かさずに、指と目と口だけでコミュニケーションをとり、楽しく遊んでいます。公園での遊び方が変わっており、遊ぶための遊具は、椅子やソファの代わりとして機能していることもめずらしくありません。

こうした遊びが悪いと言っているわけではありません。しかし、運動能力の低下には大きく関わっていると言えるでしょう。

私がこうした公園の現状を話した際に、あなたはこう思いませんか？

「遊び方（運動）や、やり方がわからないから仕方がない」

「運動を教えてくれる大人が公園にはいない」

しかし、この答えこそが大問題です。

本来遊びとは、自由でいいのです。

たとえば、ブランコに人形を乗せて遊んだとしましょう。そこから学ぶことは、

〝人形は落ちる〟ということです。自分で握らないかぎり、必ず地面に落ちるのです。これにより、ブランコは握らなければ落ちてしまうことを学びます。ブランコは握らなければならないということを知れば、子どもたちは手を放すことはありません。

このような自由な遊びの場こそ、貴重な学びの機会です。親の干渉なく、自由に学びを深める可能性のある場にいるにもかかわらず、遊びの質が変わることにより学ぶ機会を失っているのです。

私としては少し寂しい気もしますが。

2. お父さん、お母さんの運動に関する認識不足

変なところは、子どもたちばかりではありません。

親の運動に関しての理解においても〝変なところ〟があります。

保護者の方に「運動の習い事をしていますか?」と聞くと、必ずと言っていいほど「スイミングをしている」と返ってきます。そして、そう回答する保護者の方ほど、

スイミングさえしていれば運動能力は伸びると思っています。

実は「運動＝スイミング」ではありません。

もちろん、スイミングはとても大切な運動で、私も大好きです。でも、ここでお話ししたいことはスイミングで身につく力は運動の一部であり、そのほかにもたくさんの要素から運動というものが成り立っていることを認識いただきたいのです。

運動は〝身体操作能力〟〝空間認識能力〟など、さまざまな要素から成り立っており、何か1つでは本当の意味での運動能力アップにはなりません。

とくにスイミングは陸の上での動きと異なる特殊な能力のため、たとえば球技の能力や、かけっこで足が速くなるという能力は伸びてくれません。

たくさんあるスポーツ種目のなかで、たまたまスイミングが子どものやりたいことであり、伸ばしてあげたいことであれば大当たり、ラッキー！　で問題ありませんが、運動はスイミングさえやっておけばいいというわけではありませんのでご注意ください。

このように、あなたも子どもの運動に関して間違った考え方をお持ちかもしれません。この本では、子どもが運動好きになる運動能力を伸ばすためのものを紹介していきます。

3. 核家族化、異学年交流の不足による遊びの消失

おじいちゃん、おばあちゃんと暮らす世帯が少なくなってきています。家庭により事情はさまざまでしょうが、これにより遊び方を知らない子どもたちが増えてきています。

昔遊びと言われる独楽《こま》回し、竹とんぼ、凧《たこ》揚げ、カルタ取り、ベーゴマなど、今の時代の子どもたちはほとんど体験したことがないのではないでしょうか。

こういった遊びは、さまざまにコツを習得しなければなりません。

コツとは物事の本質を見抜き、自分のものにすることであり、たくさんの遊びのコツを習得することは、体の動かし方をたくさん知るということでもあります。

また、地域の子どもたち同士での遊びも失われつつあります。子ども同士の異学年

の交流では、たくさんの喜怒哀楽が生まれます。これにより、体格の壁、手加減、限界、言葉遣い、リーダーシップ、世話体験など、多くの社会体験の可能性を秘《ひ》めています。

とくにチャレンジする気持ちを育むことは、友人やお兄さん、お姉さんの勧めにより大きく助けられます。この気持ちが育っていないと消極的な子どもになってしまうため、コツをつかむどころか、やることにすらたどり着かないのです。

このように運動離れが進む子どもたちは、将来、成長する過程においてたくさんの壁にぶつかってしまいます。運動不足による不健康がもたらす病気や、低いコミュニケーション能力により仕事の遂行が困難になるなど、数え挙げればキリがありません。

そんな子どもたちの暗い未来を払拭《ふっしょく》するためにも、子どものうちから運動に親しみ、運動が好きになること、そして、運動がもたらすたくさんの恩恵を受けてほしいと願っています。

4. 体を動かす機会が減ってしまった

このように、さまざまな背景がもたらす子どもたちの運動環境ですが、なかでも特筆すべきは、学校での体育時間の減少です。

土曜日が全体になって以来、授業時間が減る一方、それでも教科書の内容量は変わらないため、どうしても勉強は進めなければいけないものです。これにより影響を受けやすいのが実技教科。なかでも体育は授業日数が減ることが多く、恵まれた環境での運動時間である学校体育が減少しています。

また、居残り練習ができないことも特徴です。

犯罪の増加などにより、17時以降は学校グラウンド利用不可の都道府県が多くあります。運動は体の特徴や個人差により、体育種目を習得できるまでの時間のかかり方には差があります。

だからこそ、「できるまでやる！」ということをしないかぎり、苦手は苦手のまま。

できないができないのままになってしまうことが多くあります。もしかしたら、大人の方でも逆上がりができないという方もいるのではないでしょうか。つまり、「苦手」という意識が運動から子どもを遠ざけてしまうのです。

また、体育指導の現状として、高齢の先生や体育を専門としていない先生が教えることも大きな問題点です。

幼少期は、見たものを真似る年代であり、見たものをイメージとして描き、そのとおりに体を動かして動きを身につけます。私も指導者として、自身の師範（見本）を見せることにより、多くを体得させてきました。

この師範を行う先生の動きが緩慢なことにより、子どもは本来身につけるべき運動イメージが湧かないままに運動を行います。これでは習得に時間がかかってしまい、先ほどのケースと同様に運動から遠ざかってしまうのです。

第1章

子どもの運動能力が伸びれば、大人になっても安心!?

運動をすることによるメリットはたくさんある

これまでお話ししてきた劣悪とも言える運動環境のなかで、どうしたら子どもは運動が好きになってくれるのでしょうか？

お父さん、お母さんから見ても、運動は好きになってほしいし、せめて人並みに運動ができるようになってほしいけれど、何を教えていいのかわからない。さらに、何をさせたら運動が身につくのかわからないという方が多くいらっしゃるのではないでしょうか。

また、運動は学校教育の面から見ると「体育」としての評価しかないため、進学のための勉強からすれば軽視されがちです。しかし、一生涯を見ると勉強と同じくらい大切な要素が運動のなかにはあるのです。

とくに、生死に直結する生活習慣病や、慢性的な運動不足による不健康など、運動に親しむことがないかぎり、健康に生きていくことは難しいと言えます。

つまり、運動が好きになり、運動で身につく能力を高めることにはさまざまなメリットがあるのです。

運動で身につくものは、数え上げたらキリがない

運動を経験することで身につく力には大きく「体」と「心」の成長があります。

子どもの発育・発達の特徴として私たちが対象としている年齢は、「ゴールデンエイジ」と呼ばれる一生のなかで唯一の動作の習得に特化した時期です。ゴールデンエイジとは3歳から12歳までの時期で、言い換えれば、幼稚園から小学校にかけての年齢です。

この年齢で、多くの動作の経験をしていることが、一生の運動神経を決めるといっても過言ではありません。

現在、東京大学名誉教授で教育学博士、首都医校校長、全日本ノルディック・

ウォーク連盟会長を務める宮下充正氏が、この時期の身長の伸びと「動作の習得」「ねばり強さ」「力強さ」の相関関係をグラフで表しています（次ページ参照）。

このグラフを見てもわかるとおり、発達著しいゴールデンエイジには、適切なトレーニングが必要です。つまり、総合的な運動神経を身につけるために、さまざまな運動を行う必要があるのです。

また、忘れてはいけないのは「心の成長」です。

運動が上達していく過程において、運動にハマる、相手との競争や仲間との協同、反復練習による習得など、日常生活にはないさまざまなことを経験します。それぞれに、集中力や忍耐力、集団のなかでの行動、適切な選択など、大人の社会を生き抜くために必要な力が身につきます。

「ゴールデンエイジ」の期間に
「動作の習得」「ねばり強さ」「力強さ」が生まれる

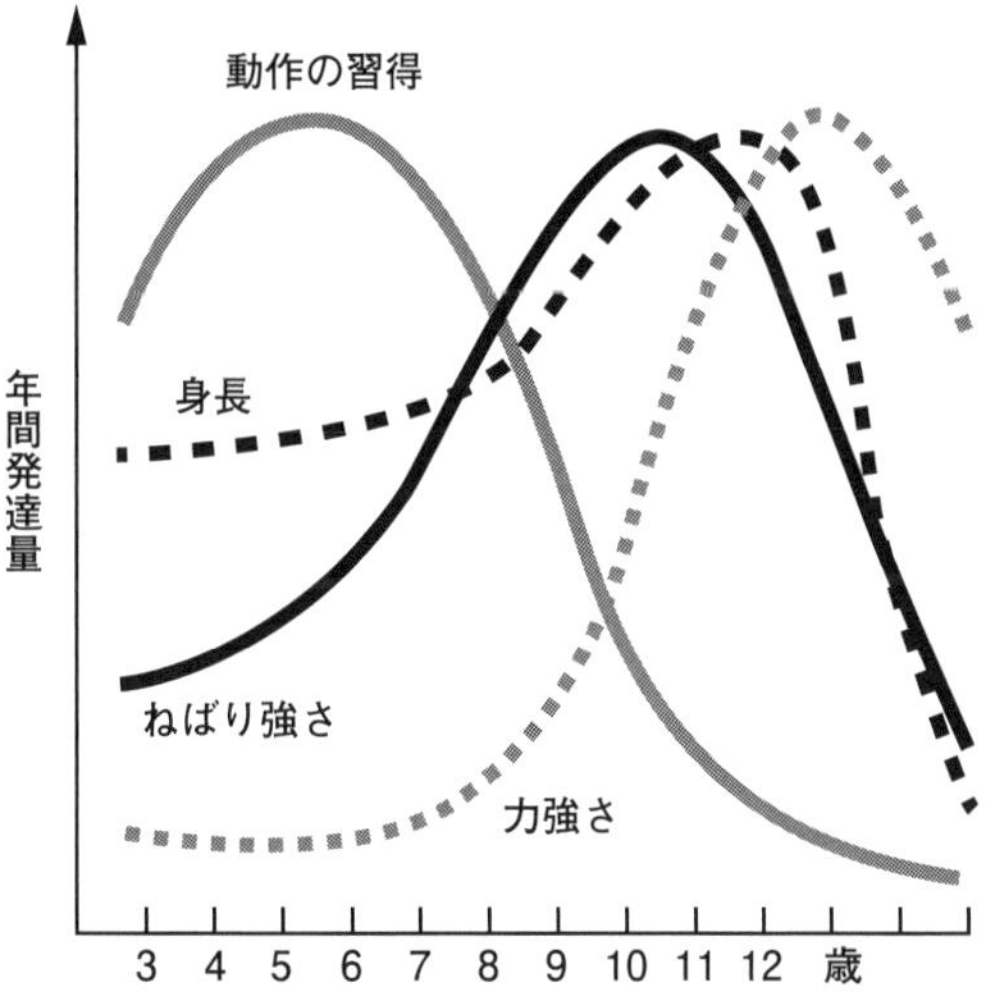

「子どもの発育とトレーニング」(1987年)より

勉強好きな子にするためには、運動好きな子にするほうが近道

さまざまな運動をする効果は発育という面でも発揮します。

そのなかでも、「習得の力」と「集中する力」に私は注目しています。この2つの力は、運動だけではなく、何をするにあたっても〝うまくいく要素〟です。

とくに、あなたも子どもに求める力であろう「勉強の力」は、勉強だけをするよりも運動を通して手に入れる「集中する力」だけで、劇的に変わります。

「習得する力」が身につくと、「習得の力」と「集中する力」だけで、子どもは次々にレベルアップしたくなり〝習得の連鎖〟が起こります。これはどんな能力を高めるうえでも最高の循環です。

そして、習得をするために欠かせないのが「集中する力」です。

子どもは習得するのが楽しくなれば、そのために想像以上の集中力を発揮します。

つまり、運動を習得する喜びが集中力を養う力となるのです。

ですから、この2つの成功への循環を手に入れる近道として、運動を好きになることが大切だと言えます。

幼稚園、小学校で自信のある子とない子では、どんどん差がつく

もう1つ大切な力として特筆したいのが、「自信」です。

学校生活や家庭生活、たくさんの習い事など、子どもたちの生活は大人よりはるかに忙しいものです。そんな環境のなか、それぞれの時間で成果を出す子どもたちの多くは、自分に自信を持っています。

そして何より、勉強も運動もできる子はクラスでリーダーシップを発揮する子になります。自信のない子どもたちが大半のなかで、自信がある子どもはリーダーとしての立場が多く回ってくるのは当然のことです。

リーダーとは生まれつき持った資質ではなく、リーダー経験の豊富さによって作り

上げられると言っても過言ではありません。

こうした自信を身につけるためには、「できた！」というその子ども自身の気づきが必要です。自分でやってみて、やれたという感覚をつけることイコール、自信につながります。

お父さんやお母さん、学校の先生、私たちのような教室の指導員（習い事の先生）からほめられることで自信をつける子どももたくさんいます。そのきっかけとなりやすい〝運動〟を経験することはとても大切です。

運動能力は生まれてから11、12歳までに決まる

では、いったいいつから運動を始めたらいいのでしょうか。

先ほどもゴールデンエイジという話をしましたが、さまざまな意見があるなか、私は早ければ早いほど良いと考えています。

人間の成長の過程のなかで、発達時期に違いはありますが、子どもには神経系の発

達が盛んな時期があります。一生のうち一度だけ、そして、生まれてからこの時期までに神経系の95％程度の発達が終わってしまうと言われています。

その時期とは生まれてから第２次性徴（小学校高学年〜高校生ぐらいに起こる大人の体になる時期）までです。細胞分裂が盛んに起こり、体の発達が著しい時期に神経系の発達はピークを迎えます（次ページ参照）。

イメージとして、幼少期までに自転車に乗れるようになれば、大人になっても久しぶりでも自転車に乗ることができます。このような現象が神経系での習得と考えていただければわかりやすいかと思います。

しかし、大人になってからは習得に時間がかかるうえに、すぐに忘れてしまいます。体に身につくのではなく、頭に記憶として残っているだけで体がついてこない。これが神経系での習得とそうでない場合の違いです。

ですから、少しでも早く、そして、たくさんのことを体感することが大切なのです。

「ゴールデンエイジ」の期間に「動作の習得」「ねばり強さ」「力強さ」が生まれる

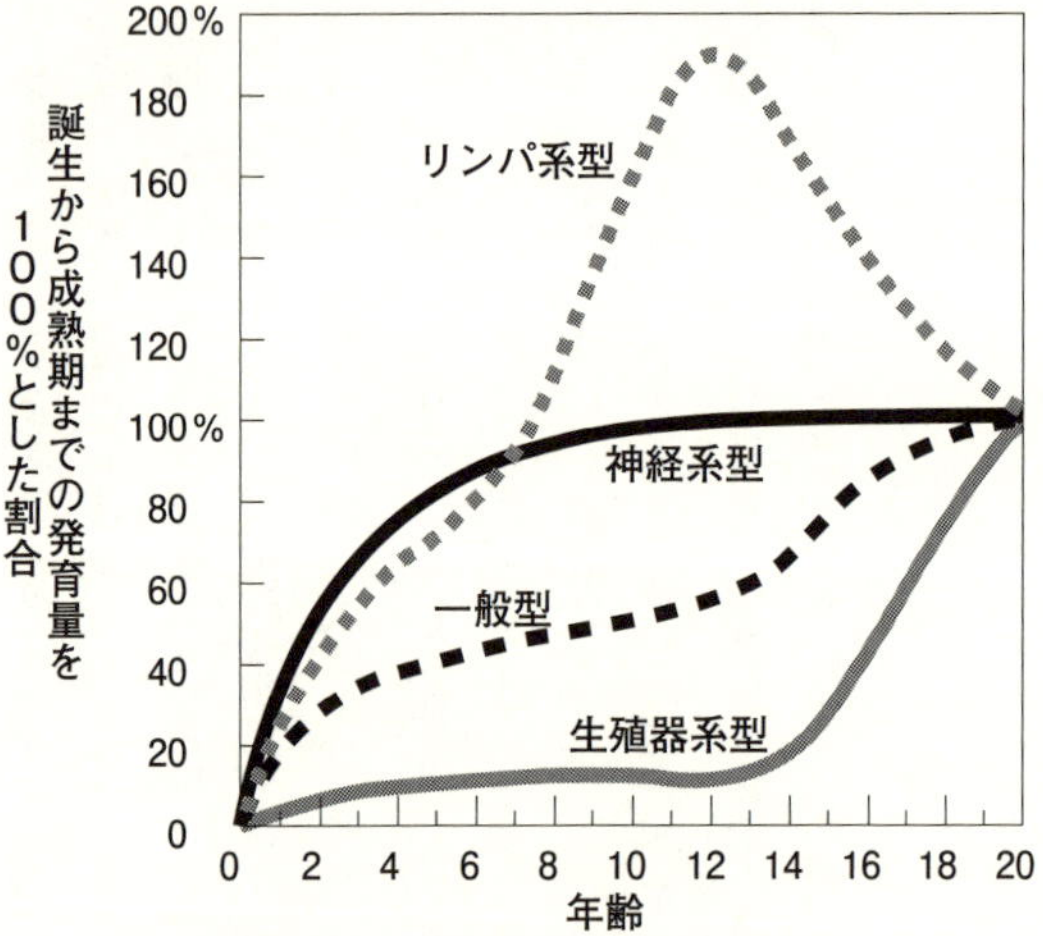

※スキャモンの発育曲線は、子どもが成長していくなかで、脳や骨などの発達の過程を表したものです。

●神経系型（脳、脊髄、視覚器、頭径）

リズム感や身体を動かすことの器用さ（運動能力）を担います。
出産直後から急激に発達し、4～5 歳で成人の約80%にも達します。

●リンパ系型（胸腫、リンパ節、同質性リンパ組織）

免疫力を向上させるリンパ組織の発達を担います。
生後～13 歳頃にかけて急激に成長します。
そして、思春期すぎから大人のレベルに戻ります。

●一般型

（全身の計測値、呼吸器、消化器、腎、心大動脈、脾、筋全体、骨全体、血液量）

身長・体重や肝臓、腎臓等の胸腹部臓器の発育を担います。
幼児時期までに急速に発達し、その後は次第に緩やかになります。
2 次性徴が現れる思春期に再び急激に発達します。

●生殖器系型（睾丸、卵巣、副睾丸、子宮、前立腺）

生殖器系の発育で、14 歳あたりから急激に発達します。

第１章の
ポイントまとめ

●運動は生活習慣病の予防になり、不健康な生活を回避できる。
●3歳から12歳という「ゴールデンエイジ」の時期に心と体が成長する。
●運動は「習得の力」と「集中する力」を養う。
●運動能力が伸びれば「自信」のある子どもに育つ。

第2章

あなたの子どもの運動能力を最大限に伸ばす要素

どんな子でも必ず人並みの運動能力を備えている

子どもの運動能力にもともとの差があるのかないのか。

昨今、遺伝子の関係や環境要因など、さまざまな議論が交わされています。元来、持って生まれた能力は、容姿などと同じで千差万別です。

さて、運動においてですが、私の持論として、どんな子どもたちもある程度の運動神経は備えて生まれてきていると思っています。なぜなら、今まで私からの継続した指導を受けて、目標をクリアできなかった子どもに出会っていないからです。

プロアスリートを目指す場合は、才能やセンスと呼ばれる特別な要素が必要かもしれませんが、日常生活で困らない程度に生きていくのに必要な運動神経は、誰でもそれぞれ兼ね備えていると考えています。

これまで指導してきたなかで、目標からもっとも遠い子どもでも3年間継続して私の教室に通い改善された生徒がいます。

逆上がりや２重とびなど、技術の習得だけで言えば３カ月もあれば十分ですが、運動習慣の形成、体型の変化、何より運動を好きになり続けることがとても難しいものです。

ある女の子は、小学１年生から教室に通い始めました。入会時はとても太っており、走る合図を出しても走らない。少し走れば息が上がり、お世辞にも運動ができるとは言えない子でした。

そんな子でも１カ月を過ぎたあたりから走るときに笑顔が出るようになり、３カ月もすれば走ることができるようになりました。また、１年を超える頃には運動が好きになっていました。

もちろん、苦しいときも多々ありましたが、くじけそうになるたびに、お父さん、お母さん、そして私たちからの励ましによってがんばり続けました。２年が経過する頃には、なんと運動会の徒競走で１等賞を獲得しました。

この女の子の例を見てもわかるとおり、運動を好きになり継続すれば、必ず誰でも運動はできるようになります。努力することや親の支えなど、本人と周りのみなさんの協力は必要ですが、運動オンチの子はいないと私は確信しています。

親がやってほしい運動と子どもが伸びる運動は違う

習い事ランキング（次ページ参照）などを見ると、スポーツ系の習い事では「スイミング・体操・サッカー・武道」などが並びます。それぞれに素晴らしい種目ですし、継続できればたくさんの力を身につけることができるでしょう。

ただし、幼稚園から小学校の時期にかけては、1つの種目を継続するよりもたくさんの運動にふれるほうが運動能力は伸びやすいと言えます。

前述したとおり、運動能力とは神経系の発達が大きく関連しています。神経細胞は〝新しい回路を作ること〟と〝既存にある回路を太くすること〟で成長していきます。

小学生の子どもに習い事として始めさせたいスポーツランキングベスト10！

1位	スイミング
2位	体育・体操
3位	リトミック・音楽教室
4位	サッカー
5位	柔道・空手などの武道
6位	ダンス
7位	野球
8位	バレエ
9位	テニス
10位	新体操

「WordPress Theme Simplicity」より作成

子どものうちは、たくさんの回路を生み出すこと、そして、そのなかで正しい回路と間違った回路のなかから、より良い回路を選択し、そこが大きくなることで巧みな運動能力を身につけることができるのです。

たくさんの種目を経験することで回路を増やすことをしないかぎりは、より良い回路の構築につながらないために運動能力は伸びなくなります。こういったことから、人気の種目をやるだけでなく、遊びも含めたさまざまな経験をする必要があることがわかります。

大好きな先生を見つけることで子どもは大きく成長する

子どもの運動能力を伸ばす方法として、私がもっとも大切な要素だと考えているのが、「大好きな先生を見つけること」です。

人は好感を持っている人の言うことを信じます。嫌いだと思って信じることはできないはずです。

スポーツマンとしての挨拶《あいさつ》・礼儀が徹底されており、ケガをしない運動指導を行うこと。また、そのなかで育まれる多くの仲間との交流や、家族や環境への感謝を伝える指導者は間違いなく尊敬される指導者です。

お父さん、お母さんとして気をつけてほしいのは、そうした先生との考えをすり合わせることです。尊敬している先生と、尊敬している両親。子どもからすればどちらも正しい存在です。その２つの存在が違う意見を持っていたら、子どもの多くは混乱してしまいます。

先生に合わせる必要もなければ、親の意見を押し通す必要もありません。子どもを導いていくのは多くの大人の協力です。お子さんを中心として、たくさんの意見交換をしてみてください。

私自身は尊敬される先生を目指して、大切なお子様をあずかり指導をさせていただいています。子どもたちには〝競争〟ではなく〝共創〟を、〝強制〟ではなく、〝共生〟を生み出せる指導者でありたいと思っています。

指導者と親が尊敬される存在であるからこそ、子どもは信じて伸び伸びと成長することができるのです。先生と親が同じ方向性を持って子どもの成長を見守れば、体罰や暴言を吐くことなどあり得ません。少なくとも私にはできません。

私のもとで指導を学んでいる先生たちも、みんな子どもたちに愛されています。それが私の誇りです。

運動に必要な3つの能力「バランス力・瞬発力・持続力」

さて、子どもの運動能力を伸ばすために必要な要素とは何でしょうか？

これは私もお父さんやお母さん方によく聞かれる質問ですが、運動に必要な要素として大切な能力を1つ挙げるとすれば「バランス力」です。

強大な力も圧倒的なスピードも、調整ができなければ効果的に使うことはできません。その調整をする能力こそ、バランス能力です。四肢を思うように動かすためには、体の中心である体幹を軸としたバランス能力の向上がとても大切です。

2つ目は、「瞬発力」です。

運動には必ずスタートとゴールというものがあります。それはかけっこのことではなく、たとえば、ボールをシュートするという動作でも、準備からボールを放つところまでがスタートとゴールです。また、相手をかわす場合においても、相手を目で認識することから相手をかわすことまでがスタートとゴールです。

このスタートとゴールの時間が短ければ短いほど良いとされるのがスポーツです。ですから、瞬発力がとても大切になります。

3つ目は、「持続力」です。

運動時間のなかで、最大パフォーマンスをどれだけ持続ができるかも大切な能力です。単に持続力や体力ではなく、たとえば、短い距離を何度も繰り返し走るバスケッ

運動に必要な「3つの力」

●バランス力

バランス力とは運動中の姿勢を調整してバランスをとったり、機敏・巧みに動けたりする力、いわゆる調整力です。調整力が高まるとさまざまなスポーツがうまくなります。

また、バランス力があることで倒れにくくなり、普段の姿勢もよくなります。正しい姿勢づくりにもつながっていきます。

●瞬発力

瞬発力とは筋肉の力を瞬間的に発揮する力、短い時間で発揮される力です。この瞬発力が高ければ、高くとぶことや速く走ること、遠くに物を投げることができるようになるなど、手足を使った運動に必要な力です。

●持続力

持続力とは運動を行っている時間のなかで、最大のパフォーマンスを維持するための力です。短い距離を繰り返し走ったり、長い距離をさまざまな形で走ったりするような運動に対して、長い時間にわたり発揮します。長時間集中してパフォーマンスを保つために必要な力です。

トボールや長い距離をさまざまな走り方で駆使するサッカーなどにおいて必要とされる力を、長い時間発揮する持続力こそが求められます。

小学校の勉強で言えば、45分間の授業中に居眠りなく、先生の話をしっかりと聴き、なおかつ要点や目当てをとらえる力です。そう考えれば、とても大切な能力ということがおわかりいただけるでしょう。

3つの能力には、子どもに備わったスポーツ遺伝子（DNA）がある

この「バランス力」「瞬発力」「持続力」に関連した3つの力を見ていくのに、1つの指標となるものがあります。それが「スポーツ遺伝子（DNA）」テストです。

私の教室（会社）でも取り扱っていますが、スポーツに関わるとされる3つの遺伝子を解析し、どんな運動適性があるのかを見ていくというものです。

一流アスリート選手には、そのスポーツにおいて必要な力が突出していると言われ

ています。

私もある情報番組で、甲子園を沸かせた早稲田実業高校の清宮幸太郎選手（リトルリーグ時代は累計130本以上のホームランを打つ）と、2015年に世界ユース陸上競技選手権大会100メートルと200メートルで優勝（200メートルでは、ウサイン・ボルトの持つ大会記録を更新）したサニブラウン・ハキーム選手について解説したことがあります。

清宮幸太郎選手は父親に元サントリーのラグビー選手として活躍し、早稲田大学のラグビー部監督・サントリーの監督を務め、現在もトップリーグで監督を務める清宮克幸氏、母親は大学時代ゴルフ部の主将を務めていたアスリートという一流アスリート同士から誕生しました。

清宮選手は幼少期からラグビーに通じ、もっとも自分に適した野球というスポーツを小学4年生のときに選んで、その才能を開花させたと言われています。

　また、サニブラウン・ハキーム選手は、父親はガーナ人で、母親がインターハイにハードルで出場しています。

　サニブラウン・ハキーム選手は、スポーツ遺伝子のなかで優秀だとされている遺伝子である、ＲＲ型（パワー系・瞬発系に優れた遺伝子）をかなりの確率で受け継いでいます。

　このＲＲ型遺伝子は日本人では２割しか保有していない、瞬発力に優れたトップアスリート型の遺伝子と言われています。ガーナなどの南アフリカ系の人の遺伝子は東洋人とは違い、ほとんどの人がＲＲ型遺伝子を持っていて、こうした遺伝的な要素に差があるのではないかという研究もされています。


　しかし、運動能力の遺伝率は10～20％にすぎません。本当にすごいのは遺伝的な要素だけではなく、環境的な要素、後天的な要素が一緒にならないことには遺伝を生かせないということです。

　つまり、運動能力を伸ばすには、環境的な要素、後天的な要素である親の存在が重要なのです。

こうした環境、つまり練習環境のことを「トレーナビリティー」と言いますが、ただ、親の思いと子どもの資質とのズレなど、本当の才能を見きわめる（運動能力を100％に覚醒させる）のは簡単ではありません。

以上のことは、お子さんをトップアスリートに育てるという意味では重要ですが、ここで私がお伝えしたいのは、子どもの運動能力を伸ばすためには、親や良き指導者が欠かせないということです。

お父さん、お母さんが子どもと一緒に運動することにより、子どもは運動が好きになり、その環境のもとで運動が得意になっていくのです。


ちなみに、スポーツ遺伝子テストとは、たとえば、太っているとパワー系、やせていると持続力系などの見た目のイメージではなく、「肥満遺伝子のタイプ」によってパワー系か持続力系かなどを見ていくテストです。

先ほどの「バランス力」「瞬発力」「持続力」の3つの力のうち、どの力が突出しているかを計ります。スポーツ遺伝子には、次の3つがあります。

・瞬発力が高い→RR型
・持続力が高い→XX型
・瞬発力と持続力が同じ割合→RX型（バランス型）

この本では、先ほども述べたように子どもを一流アスリートに育てる本ではありませんので詳しくは述べませんが、要するに、3つの能力に適したスポーツというものがあり、子どもにどのスポーツをさせれば伸びるかの〝参考〟になるというわけです（次ページ参照）。

ただし、注意していただきたいのは、運動の最大能力値を計るものではなく、「傾向を計る」ものであるということです。

しかも、スポーツ遺伝子を調べなくても、お父さん、お母さんであれば、あなたのお子さんが何となく瞬発力のある子なのか、持続力のある子なのか、バランス力のあ

スポーツ遺伝子に適したスポーツ

●「瞬発力」の高いRR 型遺伝子

陸上短距離
ウェイトリフティング
重量挙げ
空手
柔道
レスリング
相撲

●「持続力」が高いXX 型遺伝子

陸上長距離
ジョギング
自転車
エアロビクス
ダンス

●「バランス力」が高い（どちらも同じくらいの割合）RX 型遺伝子

サッカー
野球
ラグビー
陸上中距離
バスケットボール
テニス
卓球
バレーボール
バドミントン
ボクシング

る子なのかは感覚としてわかると思います。

とはいえ、このスポーツ遺伝子という考え方により、子どもが短距離適性か長距離適性かを知っておくだけでも、さまざまな種目で活躍をするために役に立ちます。

あなたのお子さんも、運動においてもともと適正の高いものが存在するという事実だけでも覚えておくと、その後の子どもの能力を伸ばすのに役に立つと思います。

あなたは子どもが大好きな運動を知っているか？

スポーツ遺伝子のお話をしましたが、子どもがどの力に運動適性能力があるからと言って、適性に合ったスポーツをさせることは必ずしも賢明ではありません。なぜならば、一流アスリートを育てることと、子どもが運動好きになって運動能力が伸びることとは大きな違いがあるからです。

むしろ逆で、子どもに無理に1つのスポーツをさせることで、その子どもが運動嫌いになってしまうこともあるからです。

一流アスリートを育てる親は、もともとその人が一流アスリートであったりするからこそ、全面的なサポートを惜《お》しまずにでき、また挫折《ざせつ》しそうなときでも、経験からわかる適切な指導ができるのです。

あなたが一流アスリートでなくても、金銭的、精神的なサポートが必要になります。それこそ相当な覚悟が必要です。ですから、子どもが心からそのスポーツが好きになること、寝ても覚めてもそのスポーツに向かう子になるよう見守ることが親の役目だと思っています。

さて、そうした思いで子どもを見ると、子どもがどんな運動が好きなのかを考えることになります。そこで質問です。

「一般的に、子どもが大好きな運動というものをご存じですか？」

答えは「遊び」です！

遊ぶことは運動につながります。フランスの社会学者、哲学者のロジェ・カイヨワ

（1913〜1978年）は遊びの重要性を『遊びと人間』という本のなかで説いています。

彼は「遊び」を「アゴーン（競争：文字どおり徒競走など）」「アレア（偶然：ルーレットなど）」「ミミクリー（模擬：演劇やPRGなど）」「イリンクス（眩暈《めまい》：絶叫マシーンなど）」の4種類に分類しています。

この分類を子どもの遊びに当てはめると、次のようになります。

競争……かけっこ、鬼ごっこ、試合など、相手との勝負を競う遊び
偶然……じゃんけん、ルーレットのような、結果の予測ができない遊び（スポーツならば、試合結果の予測がつかない団体競技なども含むと言ってよい）
模擬……もの真似、ごっこ遊びなど、見たものになりきる遊び
眩暈……ブランコ、回転遊びなど、体の制御が難しい遊び

どれも、家庭もしくは近隣の公園で可能な遊びです。しかも、親子で遊べばコミュ

ニケーションをとることも可能な遊びです。

子どもの運動能力を伸ばすためには、家族の温かい支えから生まれる可能性が十分にあるということです。

子どもが得意な運動を探す方法

スポーツ遺伝子の観点から、また遊びという観点から、子どもが運動好きになり、その後、運動能力を伸ばすためのヒントが見つかりました。

では、あなたのお子さんの得意な運動を見つけ出すには、どうしたらいいでしょうか？

それは、子どもにさまざまな種目を体験させ、本当に好きなものを見つけることです。

子どもたちは本当に好きなものに出会ったときは目を輝かせます。ですから、そんな興味津々な顔を見つけてあげることが得意な運動を探す方法の１つです。

とはいえ、たくさんの教室に行くのも大変です（今は多くの教室が体験入会というものを行っていますから、時間がかけられる人は体験の様子から判断することがベストです）。そこで、ポイントを2つご紹介します。

1つは、家のなかで遊んでいるものから興味を持つものを探すことです。わが伊藤家では、クリスマス・誕生日など、プレゼントと呼ばれるものはすべてスポーツの道具でした。ボールに始まり、バット、ラケット、フライングディスクなど、たくさんの遊び道具としてスポーツ道具を与えてもらいました。ボールを投げてみたり、蹴ってみたり、転がしてみたり。また、新聞紙で棒を作ってチャンバラごっこをしてみるなど……。

さまざまな遊びのなかから、子どもが好きな動きが必ずあるはずです。「好きな動き＝得意」ですので、ぜひさまざまな遊びをさせてください。プレゼントとしてもらうスポーツ道具は格別です！

2つ目は、私が運営しているような運動教室に通ってみることです。

宣伝のようで恐縮ですが（笑）、私の教室では、1年間で体づくりを含めた6種目の運動を体験できるプログラムを用意しています。信頼できる先生から子どもの得意を引き出してもらうことも選択として大切です。

私はこれを「総合運動」と呼んでいますが、日本にはまだまだこのような運動教室が多くないのが現状です。もしそうした教室が近くにないという場合は、次章以降で解説する各種運動ができるようになるコツを、子どもと一緒に実践してみてください。

お父さん、お母さんが子どもと関わることにより、〝信頼できる先生〟となっていただき、「できた！」という自信を子どもに与え、運動好きになり、グングンと運動能力を伸ばしてあげてください。

まずは、子どもと一緒に体を動かそう

この章の最後に、大切なことをお伝えします。子どもの好きなことを探し当てた

ら、次はチャレンジです！

たくさんの挫折や失敗を経験することも子どもの成長の1つです。1回で芽が出るとは限りません。失敗はすべて経験だととらえて、すべて必ず役に立つものだと信じてください。本当に好きなものに当たるまで、どんどんチャレンジを繰り返してほしいと思います。

大事なのは、子どもと一緒になって遊ぶこと、子どもと一緒に体を動かしてみることです。

とくに、お父さんは週末しか子どもと一緒に過ごす時間が取れない方が多いと思います。そんなときは子どもがやりたいという遊びを優先してあげて、その遊びのなかから、子どもの動きに注目してみてください。

「あっ、意外に粘《ねば》り強く持続力がありそうだな」

「なかなか、すばしっこいな」

「バランス感覚がいいな」

など、それまで気づかなかった、子どものさまざまな一面が見られるはずです。

そして、何より大切なのは、そうして過ごした子どもとの時間なのではないでしょうか。


私の父は、土日も部活動の顧問をしていたため、遊ぶことができたのは試合のない日曜日の夕方だけでした。

その遊びのなかで、教師だからといって指導されることはなく、ただただ越えられない高い壁として立ちはだかってくれました。いわばライバルの役目です。その父を越えたい一心で無我夢中に練習に取り組みました。ですから、遊びを通して子どもなりに真剣だったことを思い出します。


あなたもお父さん（もしくは、お母さん）と遊んだ経験があるはずです。

それは、子どもの成長にとっても大人になってからの記憶にとっても、なくてはならない経験だと、私は思います。

そうであるなら一石二鳥、子どもと遊びながら同時に子どもの好きな運動を見つけて運動能力も伸ばしてしまう……。

こうなれば、あなたが子どもの運動に関して悩んでいる問題は解決したのも同じです。子どもを運動好きにしてあげることは、運動に対する悩みと同時に子育て全般に関する悩みも解決してしまうのです。

さあ、いよいよ次章からは実践的な解説をしていきます。

第２章の
ポイントまとめ

●運動を好きになり、運動を続ければ、どんな子でも運動能力は伸びる。

●習い事（スポーツ）をするなら、1つのことではなく多くの種目を経験させる（体験見学でもよい）。

●親がやらせたい習い事ではなく、子どもが好きなものをやらせてみる。

●運動能力を伸ばすためには「瞬発力」「持続力」「バランス力」を身につける。

●子どもが大好きな運動は「遊び」。

●子どもと一緒に運動をすることで、子どもが大好きな運動を見つける。

第3章

子どもの運動能力を伸ばす、親子でできる3つのエクササイズ

「瞬発力」を高めるエクササイズ

瞬発力は、球技などはもちろん、なわとびやかけっこなど、スポーツをやらない子にも必ず訪れる体育の必修科目をクリアするのに必要な要素です。

瞬発力は訓練をすれば必ず高めることができますが、何より意識の問題が大きいものです。というのも、遊びのなかで自然に力を発揮できるようになれば身につけることができてしまうからです。

そこで、楽しみながら瞬発力を高めるエクササイズをご紹介いたします。

●じゃんけんダッシュ（基本編）

じゃんけんダッシュは、じゃんけんに勝ったほうにも負けたほうにも瞬発力が必要とされるようにした遊びです。

基本的には2人で向かい合ってじゃんけんをしますが、3メートルから5メートルほどの距離をとって互いにじゃんけんをします（子どもの年齢によって距離は適当でもかまいません）。

位置が決まったら、じゃんけんをします。じゃんけんに勝ったほうは瞬間的にその場で「気をつけ」の姿勢をとります。そして、負けたほうはダッシュで相手の後ろを回ってもとの位置まで戻ります。これを子どもが楽しく遊べる時間だけ繰り返すのです。

また、ルールを作ってもかまいません。たとえば10回先に勝ったほうが勝ちとか、3分やって勝った回数が多いほうが勝ちだとか勝負性を入れても、子どもは真剣になります。

ただそれだけの遊びですが、意外に疲れます。じゃんけんに負けすぎてダッシュする回数が多くなると、大人でもヘトヘト。

しかし、目的は勝ったほうはすぐに気をつけの姿勢をとる、負けたほうはすぐに走るという瞬発力を高めるエクササイズですから、走る際はダッシュで行ってください。

【じゃんけんダッシュ】

①スタート位置を決めて相手と向かい合う。
②じゃんけんをする。
③勝ったら〝気をつけ〟、負けたら相手の後ろを走ってもとに戻る。
④時間を決めて、時間いっぱい繰り返す。

●じゃんけんダッシュ（応用編）

じゃんけんダッシュを応用させることもできます。

たとえば、勝ったほうが走るとか、手ではなく足でじゃんけん（グーはそろえて立つ、チョキは足を前後に開く、パーは足を横に開く）などバリエーションを豊富にすることでより楽しめます。

じゃんけんダッシュ

お互いの位置を決めたらじゃんけん。
ジャンケン

負けたほうは相手の後ろを回って走り、もとの位置へ戻る。
勝ったほうは瞬間的に気をつけの姿勢をとる。

●リアクションダッシュ

リアクションダッシュは、スポーツ競技のトレーニングなどでも取り入れられているものです。サッカーやバスケットボールなど相手をかわす競技では、瞬発力や敏捷《びんしょう》性は欠かすことのできない力です。

リアクションダッシュは、基本的にはダッシュの繰り返しになりますので、幼稚園児には少しつまらないかもしれません。そんなときは、ダッシュしたゴールの先にお父さんやお母さんが立って待っていてあげると、子どもは喜んでダッシュしてくるでしょう。

ただ、基本的には小学生くらいになると楽しくやることができます。

リアクションダッシュは、スタート地点を決めて、子どもには姿勢をフリーズさせたままスタートの合図を待たせます。スタートの合図があったら、その姿勢からダッシュの態勢に入って、そのままゴールまでダッシュで駆け抜けるというものです。

スタートの合図は、音を聞いて動き出すためにホイッスルなどが効果的ですが、競技トレーニングではありませんので、掛け声や手をたたくなどの合図でもかまいません。

【リアクションダッシュ】

①スタート位置を決めてさまざまな態勢でフリーズする。
※フリーズ時に目をとじると集中力も高まります。
②合図を受けたらすぐに走る。
③ゴールまでダッシュで一気に走り抜ける。

また、リアクションダッシュは、態勢のバリエーションを豊富にすることでより楽しめます。

あなたもライフセービングのビーチ・フラッグ競技を見たことがあるのではないでしょうか。スタート地点に後ろ向きでうつぶせになって（手は顔の下に組む）、スタートの合図とともに、砂浜の先にあるフラッグを誰よりも先に取るという競技です。リアクションダッシュは、それをイメージしていただければわかりやすいと思います。夏の砂浜でリアクションダッシュをやれば、遊びながら瞬発力を高めることもできるでしょう。

【リアクションダッシュの態勢バリエーション】

・正面を向いた態勢からスタート
・横を向いた態勢からスタート
・後ろ向きの態勢からスタート
・片膝をついた態勢からスタート
・後ろ向きで長座の態勢からスタート
・後ろ向きでうつぶせの態勢からスタート
・後ろ向きで仰《あお》向けの態勢からスタート
・前向きで仰向けの態勢からスタート

リアクションダッシュ

スタート位置を決めて、
決められたポーズのままフリーズ
（フリーズ時に目を閉じると
集中力アップ）。

ホイッスルや手をたたくなど、
スタート合図と同時にゴールまで
一気にダッシュ。

「バランス力」を高めるエクササイズ

バランス力は、高めた力を効率よく使うために必要な力です。

とくに、上半身と下半身の連動、左右の動きを整えるための力など、どんな動きにも陰の働きがあるものです。目に見えてわかるものではありませんが、バランス力を高めることをやっているといないとでは、その後、絶対的に運動能力に違いに差が出ます。

バランス力は鍛えて損をすることもないですし、室内でもできる激しさの少ないトレーニングが多いのも特徴です。

●バランス相撲

そこでバランス力を高めるのに、いい運動があります。

それが「バランス相撲」です。お互いが立ったまま至近距離で向き合い、両手を出してパチンパチンと打ち合ったり、手を引いたりして相手のバランスを崩し、動いたほうが負けという遊びです（81ページ参照）。

あなたも一度はやったことがあると思います。さすがに大人と子どもがやると体の大きさが違いすぎ、子どものときはなかなか勝てなかったのではないでしょうか。

一番いいのは子ども同士でやることですが、大人と子どもでやる場合は、両手で押すことではなく、引いたりして子どもがバランスを崩しやすい態勢を意識的に作ってあげることです。

子どもはお父さん、お母さんに勝ちたい一心で一生懸命押そうとしますから、そのときは手を引いたりして子どものバランスを崩します。そうすることによりバランス力が養われていきます。

このバランス相撲にはいくつかのバリエーションがあります。

お互いに後ろ向きに立ってお尻をぶつけ合って動いたほうが負けというパターンやお互いが片足で向かい合って行うというパターンもあります。

片足で立ってやる場合は、両手を合わせて（拝むように）、それをお互いに払うようにして相手のバランスを崩すものや、お互いに手をつないだまま押したり引いたりして相手のバランスを崩すというものです。

これらは大人の力加減でいかようにもできますので、子どもも楽しくやることができます。

【バランス相撲】

※最初と最後にパートナーへ挨拶をする。

※たくさんの種類があるので、どれで遊ぶか決める。

①お互いに準備の姿勢をとる。

②相手より先にバランスを崩さないように耐える。

③最後まで足が動かずに耐えたほうの勝ち。

バランス相撲

さまざまなバリエーションから選択
（片足・手つなぎパターン）。

お互いにあいさつ。

始める前の姿勢を決めたらスタート。
押したり引いたりしながら相手の
バランスを崩す。

「持続力」を高めるエクササイズ

子どもにとって持続力というのは、あまり求められない能力です。なぜなら、持続力を必要とする運動は体の発達がある程度進んでから鍛えることが一般的だからです。ですが、私の教室では小さな頃より無理のない範囲で持続力強化の運動に取り組んでいます。というのも、持続力を鍛える運動は、正しく行えばケガをしない体作りにつながるからです。

まずは、持続力について少し理解を深めましょう。

持続力には2つの種類があります。1つは「全身持続力」で運動を長く続けるための能力、主に心肺機能の高さのことを言います。全身持続力は体の発達がある程度進む中学生以降に取り組むことで大きく飛躍します。

今回注目したいのは、もう1つの持続力である「筋持続力」です。筋肉を長時間働かせる能力、ずばり筋肉の能力です。体を支える筋肉は、あなたが想像する筋トレと違い、さまざまな運動をいろいろな強度で行う際に、体を支える力として効果を発揮します。

長い距離を走っていると呼吸はそれほど苦しくないのに脚のほうがガクガクになって走れなくなったりしますよね。しかし、筋力がついてくると、上体が安定するので動作が効率化し、ムダなエネルギーロスも減ってきます。ということは、持続力がアップするということです。

また、着地における衝撃に耐えられる力がつき、ケガの可能性を低くします。

このような能力を幼少時代に鍛えるためには、「インナーマッスル」を鍛えることです。

インナーマッスルには、体の動きを滑《なめ》らかにし、今持っているパフォーマンスを高める効果があります。最近よく耳にするようになった「体幹力」などもこの力です。

こうした力は、幼少時代から遊びの要素として取り組むことが大切です。1つ、親子で楽しみながら取り組めるエクササイズをご紹介します。

●お尻歩き

お尻歩きは、家のなかでもできる簡単なエクササイズです。床にお尻をつき、足を伸ばしてお尻だけで前後に動く動作です。その際、膝を曲げたり、足の力を使って移動することは禁止です。腕を振るのはかまいませんが、最初はお尻で移動するのが難しいかもしれません。

コツとしては、片方のお尻を浮かせて移動することです。「右、左、右、左……」というように、リズムよくお尻を浮かせることができるようになれば、体は自然と前後に移動することができます。

幼稚園児のお子さんだと、コツさえつかめれば楽しく何度でも繰り返します。初めは前に後ろに移動するだけでもかなりの体力を使いますから、あまり距離や時間などは気にせずに、遊ばせることから始めてみてください。

小学校の低学年や中学年のお子さんには、前後10歩ずつ進めるようにします。

その際、タイムを計ったり、何人かの子どもで競争してみてもいいかもしれません。持続力を伸ばす目的から言えば何度も繰り返すことですので、子どもが飽きないようにゲーム性を持たせることも大切です。

【お尻歩き】

①長座体前屈の形で座る。
②膝を曲げずにお尻だけを浮かせて前に進む。
③右、左と繰り返し、前に10歩。後ろに10歩できたらクリア。
④10歩×３セットを目指す。

お尻歩き

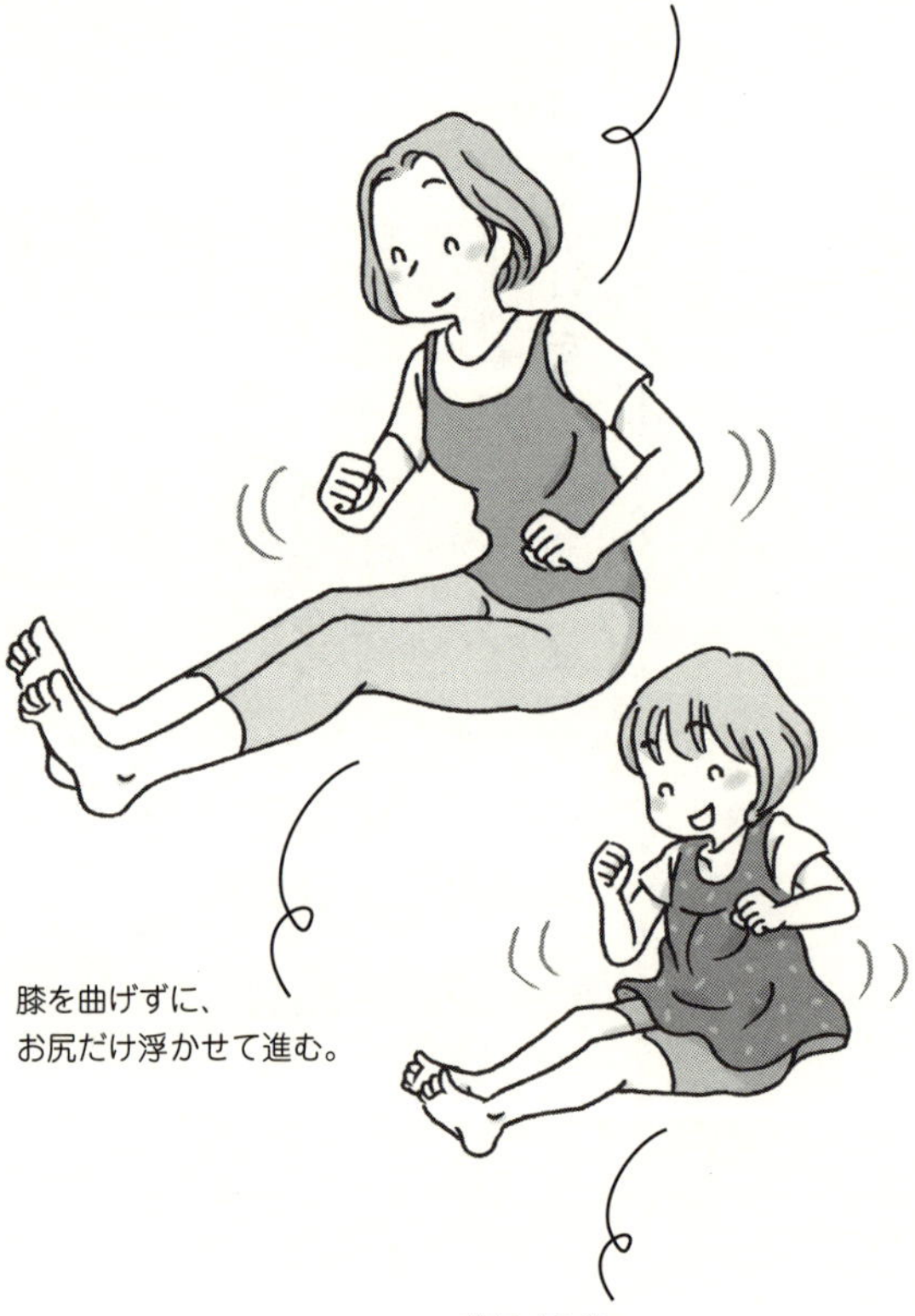
長座体前屈の姿勢で座る。
前に 10 歩、
後ろに 10 歩動いてみる。

親子で運動を楽しく続けるためのコツ

やってみたはいいけど続かない……。それでは、運動能力に変化は出ませんので、ここでは継続するためのコツをお教えします。

子どもが運動を続けるようになるには、実はとても簡単なことなのですが奥が深く、親ならしてあげたいことなのに、なかなかできていないことです。

それは「ほめること」です。

多くのお父さん、お母さんは子どもをほめることをしておらず、「おだてる」ことをしています。

この「ほめる」と「おだてる」では、何が違うのでしょうか？

「ほめる」とは、子どもに目を向けている状態です。子どものいいところを探したり、子どもの良い面を引き出そうとするために、思いやりや愛情が表現されているはずです。

それに対して「おだてる」は、自分中心です。「こう言ったら、喜ぶだろう」「こんな言葉をかければ、思い通りになるだろう」と、自分の理想を子どもに押しつけるような考えが頭のなかにあるはずです。

ほめ言葉ひとつで、子どもが笑顔になって、しかも夫婦関係も良好になる。また、自分自身も心が安らぎ幸せな気分になる。

こういった経験をお持ちの方は多いはずです。

愛する子どものためにも、ほめることを積極的に行い、『ほめる習慣』を身につけてください。そうすることで大切なお子さんもご家族も、そして何より自分自身が楽しく毎日を過ごすことができます。

結果的に、毎日が楽しくなり、継続もできるようになります。

第３章のポイントまとめ

●瞬発力を高めるエクササイズは「じゃんけんダッシュ」「リアクションダッシュ」。

●バランス力を高めるエクササイズは「バランス相撲」。

●持続力を高めるエクササイズは「お尻歩き」。

●「ほめる」と「おだてる」は違う。子どもを「ほめる習慣」を身につける。

第4章

子どもに教えられる「逆上がり」「かけっこ」「なわとび」「とび箱」攻略法

「逆上がり」「かけっこ」「なわとび」「とび箱」を攻略しよう

この章では、子どもが苦手としやすい種目をあつかっていきます。

幼稚園や小学校でも、誰もが通る種目「逆上がり」「かけっこ」「なわとび」「とび箱」の、いわば攻略法についてお父さん、お母さんが子どもに教えられるようにポイントも踏まえて解説していきます。

また、もしかしたらあなたも苦手な種目があるかもしれません。お子さんに教える前に自身でも攻略法を試してみて、事前に教えるポイントを確認していただければと思います。

さて、これらの種目の攻略法は「人生の攻略法」だとも感じています。ここに逃げずに立ち向かうことができれば、大人になってどんな仕事についても一流の成果を出せるのではないでしょうか。

どの種目も〝ポイントの理解〟と、実践できるようになるまでの〝根気強い努力〟、そして何より〝できると信じて取り組むこと〟が必要となります。

とくに後半は、お父さん、お母さんの手助けが必要となる部分です。できるまで根気強く励まし続けることで必ず達成できます。

そして、それこそが親として、また指導者として必要な見守る力だと思っています。達成したときの快感は何にも代え難いものです。


また、これらの種目は、幼稚園の年長〜小学3年生までの運動の得意・不得意を決めてしまうほど、一生のうちで大切なファクターの１つでもあります。

子どもが「できる」「できない」により、小学校生活を棒に振ってしまうことは是が非でも避けたいものです。

ただし、子どもたちみんなにできるようになってほしいからこそ、第一にお願いしたいことがあります。それは「肥満を避けること」です。これ以外は、指導のなかで

3日もあればどうにでも修正できますが、肥満解消だけは数日で達成することもできませんので、運動を教えることにいたらず、とても困ります。

肥満解消は日常の生活習慣の改善が第一ですが、次の項で、肥満の子どもでも始められる運動を簡単に紹介します。

肥満気味の子どもにお勧めの運動

肥満気味な子どもは、基本的に運動が嫌いです。

そんな子どもにまず教えることは、運動したら〝良いことがある〟ことを伝えてあげることです。子どもは欲望に素直です。自分がしたいことをします。これは、大人になり我慢を覚えるまでの過程であり、子どものときだけの特権です。

とくに病気以外で太っている子は、食べるという欲望に素直だから太るのです。この欲望の強さを利用しない手はありません。

私の教室にもたくさんの〝元肥満児〟がいます。その子どもたちは、運動が楽しくなった、できることが増えた、かっこよくなった、と自分を振り返ります。

「その前は何で運動しなかったの？」と聞くと、「運動が苦手だと思っていた」「運動がこんなにおもしろいと思っていなかった」など、やったことがないというのが大きなポイントであるようです。

子どもの肥満が解消しないと悩んでいるお父さん、お母さんは、「やせてから運動させないとケガをすると聞いて……」「太った子は運動が苦手だと思うので、違うことをさせようと思っています」「私が運動は苦手だったから」などと、運動をしなくてよい環境を作ってしまいがちです。

これこそが、大問題です。

太ったままでいいから、体を動かすことに取り組みましょう。運動に取り組むことで、肥満解消、運動能力が伸びるという好循環が生まれます。
とくにお勧めの方法として、2つ挙げます。

①鬼ごっこ

鬼ごっこは、運動の要素がたくさん含まれています。何より、鬼に捕まるというスリルと興奮により、ずっと楽しく取り組めるのが特徴です。肥満の子どもたちの運動の条件は、自分の楽しいという欲求を満たせるものです。

②バランスゲーム

鬼ごっこにしても、走ること自体が嫌だという肥満の子どもはたくさんいます。その場合は、動かずに楽しい練習を行います。しかも、勝手に能力が鍛えられる運動をしておくことで自然と動くことが嫌ではなくなります。楽しいバランスゲームから始めてみると嫌なことへ向かう気持ちが育まれます。

バランスゲームとは、座ったまま両足を上げたり（その際に両腕を広げるなど）、目をつむって片足で立ったり、片足を後ろに前傾姿勢をとったりと、いわゆる体全体を使ってバランス感覚を養う運動です。

「逆上がり」を３日で攻略する方法

逆上がりは幼少期の子どもたちにとって、初めて運動が「できる」「できない」を目《ま》の当たりにする種目ではないでしょうか。

だからこそ、どんな子にもクリアしてほしいと思っていますが、要点をつかむことができなければ大人になってもずっとできません。

２００４年10月11日の朝日デジタルの記事によると、埼玉県が小学４～６年生を対象に、逆上がりのできる子どもの割合を調査した結果を載せていました。

それによると、小学６年生で逆上がりができる子の割合が、男子71・１％、女子70・１％。１９８４年時に行われた調査では男女ともに90％以上の子ができていましたから、実に20％以上の子が逆上がりができなくなってしまったわけです。それから

２０１５年まで、埼玉県では逆上がりに県で取り組み、徐々に成果を上げています（次ページ参照）。

全国的に見て、逆上がりができない子どもの割合は年々増えています。それゆえに、行政で取り組んでいる埼玉県よりも、実際に逆上がりができない子どもは多いのではないでしょうか。


逆上がりは、コツさえつかめれば難しいものではありません。

まず、逆上がりができるようになる前提条件として、鉄棒にぶら下がるための握力が必要です。

逆上がりは小学3年生くらいでできるようになるのが目安ですが、幼稚園の頃から鉄棒に慣れ親しんでおくことは大切です。とくに最近の幼児は、鉄棒にぶら下がることができない子、途中で鉄棒から手を放してしまう子が多くなっています。

その原因として、足が地面から離れてしまう感覚や逆さになる感覚に慣れていないということが挙げられます。その場合は、まず鉄棒にただぶら下がるだけの運動でも

埼玉県　逆上がり調査データ（2003〜2015）

	6年男子	6年女子	4年男子	4年女子
2003	71.1	70.1	63.6	63.9
2004	73.1	72.1	63.3	67.3
2005	71	70.6	65.2	69.6
2006	72.2	74.5	65.8	71.1
2007	73	74.3	67.9	70.4
2008	72.2	75.4	67.5	72.1
2009	75.6	76.8	67.8	70.2
2010	73.7	75.4	66	69.3
2011	74.6	75	66.4	70.4
2012	75.6	76.9	69.2	72.3
2013	76.5	76.9	69.3	74.7
2014	76.9	79.5	68.7	74
2015	74.7	77.1	67	71.4

※県内小学校の20％を抽出し、調査を行っている。

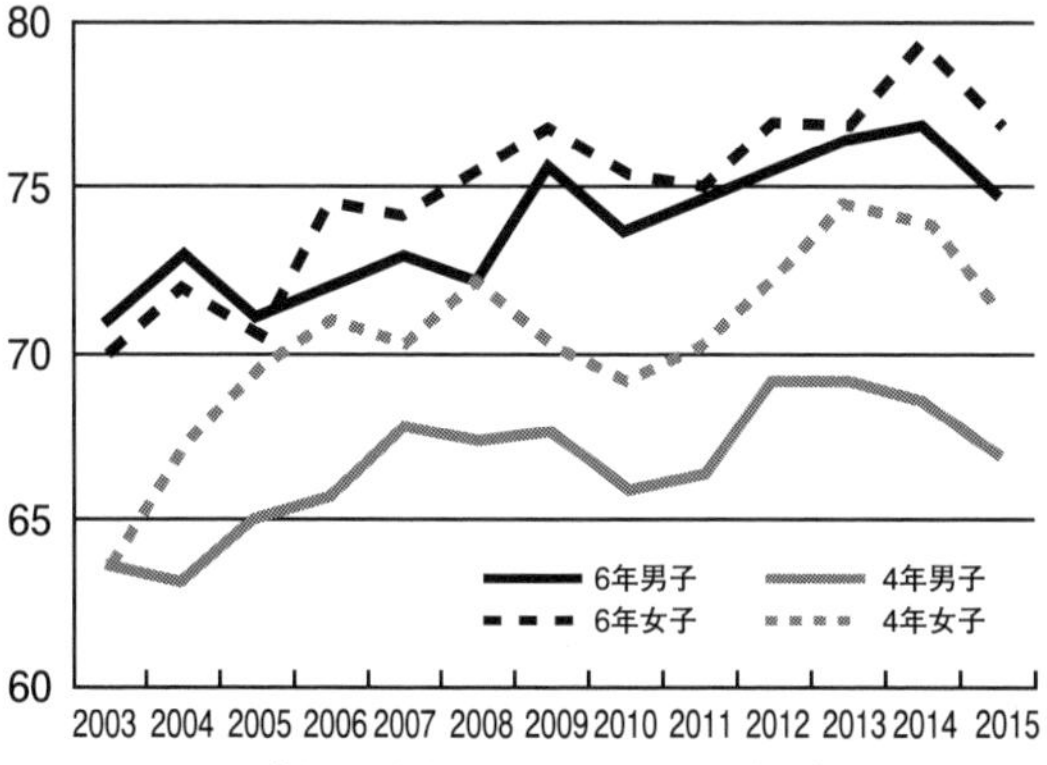

※「埼玉県教育局県立学校部保健体育課」提供資料より作成

かまいません。そのための握力はある程度必要になります。

次に大切なのは、鉄棒を握る際の握り方です。

実は握り方（順手・逆手）に決まりはなく、子どもが握りやすいほうでやればいいのです。おそらく学校では「逆手」を教えられるでしょうが、子どもが握りやすいほうがしっかりとした力が入りやすいので、お父さん、お母さんが子どもに聞いて、やりやすいほうを選ばせてあげてください。

そして、ここが一番のポイントですが、蹴り上げた足が鉄棒の上までくる練習を行うことです。これができなければ逆上がりはできません。

普通、蹴り上げる足を「蹴り上げ足」、地面を踏む足を「踏み込み足」と言いますが、蹴り上げ足は子どもの足が高く上がるほうにします。そして、蹴り上げ足を鉄棒に近いところまで上げていく練習をします。

前方に蹴り上げるのでも上方に蹴り上げるのでもなく、鉄棒の上の部分に蹴り上げます。感覚としては、踏み込む際にあった頭の位置に蹴り上げる感覚で行うことです。蹴り上げる際に重要なのは、握っている手が鉄棒の近くから離れないことです。ここで最初の握力や握り方が重要になってきます。

最後に、手を鉄棒の近くで握ったまま、蹴り上げ足も上がるようになったら、体を丸めておへそを鉄棒に近づける練習をします。

このときに、大人の補助が必要です。蹴り上げ足の膝の裏と腰からお尻あたりの2カ所を支えて回してあげます。蹴り上げ足が鉄棒に回ってくるようになったら補助を外し、子どもが回る感覚をつかんできたら、体を支える補助の力も弱めていきます。

以上のポイントを押さえれば、逆上がりは3日でできるようになります。子どもはできていないとあきらめようとするかもしれませんが、ポイントごとに上達していることを伝えてあげれば、少しずつでも進歩していると感じます。

ぜひ楽しみながら取り組んでみてください。

最後にこれまで説明した4つのポイントを簡単にまとめます。

●逆上がりのポイント

①鉄棒にぶら下がりが5秒できること

逆上がりをクリアするには、まずは握力が必要です。

最低でも5秒は鉄棒にぶら下がれるように練習しましょう。

②鉄棒の握り方（得意な握り方で練習する）

逆上がりをクリアするにはやりやすい握り方を見つけることが大切です。

逆上がりの握りは、よく「逆手握り」が基本であるということが書かれている本があります。

鉄棒にはさまざまな握り方がありますが、どれがいいかはその子どもしだいです。どうしたらいいのかわからなければ、「逆手」を使ってください。なぜなら、身体構造上、大きな筋肉を多く使うので力を入れやすいからです。

しかし、逆手でできないことを繰り返すよりも、〝できるかもしれない〟という思いを持たせるほうが効果的です。

③蹴り上げた足が鉄棒の上までくること

体を持ち上げることができなければ、逆上がりは絶対にできません。

蹴り上げる足は、子どもの足が高く上がるほうを選択。鉄棒の上にボールがある気持ちで、キックするように足を上げると足が上がりやすくなります。何度も何度も練習してください。

④体を丸めて、おへそを鉄棒に近づけること

首が反った状態では、体が丸くならないため回転しません。おへそを見ることを意識して練習すれば、体は必ず回りやすくなります。

「逆上がり」攻略のポイント

幼児の場合、
最低 5 秒は鉄棒に
ぶら下がれるようにしよう。

回る動作に入るとき、
鉄棒と体は離れない。

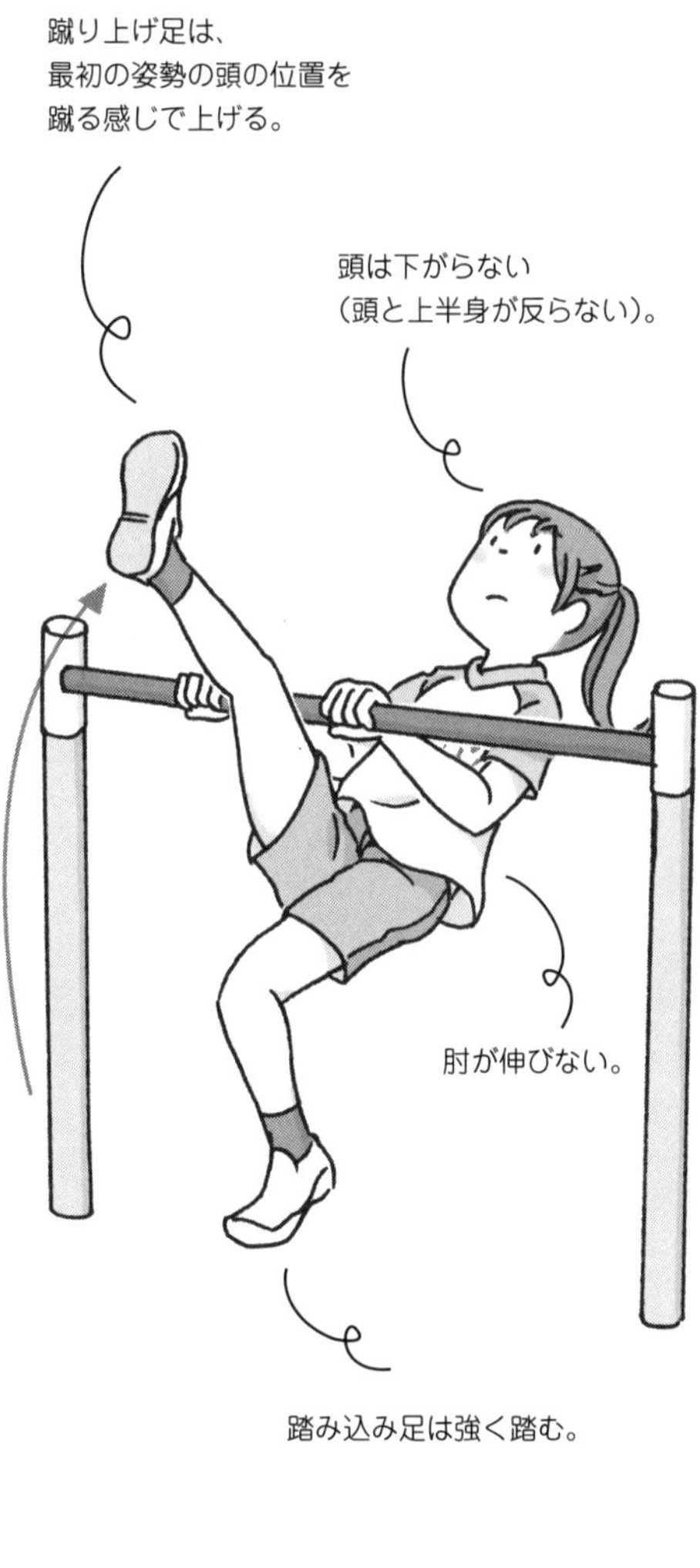
蹴り上げ足は、
最初の姿勢の頭の位置を
蹴る感じで上げる。
頭は下がらない
（頭と上半身が反らない）。
肘が伸びない。
踏み込み足は強く踏む。

踏み込み足を蹴り上げ
足にそろえる。
おへそを鉄棒から離さず回る。

「逆上がり」をさらに効果的に攻略するために

逆上がりをさらに効果的に攻略するためには、〝できた感覚〟を身につけることが大切です。

鉄棒の前に置く、逆上がり用のステップ台をご存じですか？

最近では、多くの小学校に設置してあり、休み時間や放課後などに子どもたちが遊んでいる姿を見かけます。このステップ台をかけ上がることで、体が回る感覚を身につけることができます。逆上がりは踏み込み足、蹴り上げ足のタイミングで回るので、実際に台を駆け上がるようにしては回りません。しかし、逆上がりで体が回っていく感覚はつかむことができます。

また、タオルを腰にまいて練習する方法もあります。

タオルを腰に回して、その両端を体と鉄棒が近い位置にくくり付け、体を前後に揺らしながら足を蹴り上げます。すると、驚くほど簡単に体が回っていきます。これは体（おへそ）が鉄棒から離れないようにする感覚を身につけるものです。
まずは〝できる意識〟と〝できた感覚〟を身につけ、〝できた！〟という状況を作り出してください。

タオルを使うと効果的！

タオルをまくと
腕が鉄棒から自然と離れなくなる。

「かけっこ」が速くなるための攻略法

かけっこが速い子はクラスのヒーローであり、モテます（笑）。

子どもたちの誰もが速くなりたいと思っていますが、実際には練習法や要点をつかまずに行っているのが現状です。

今回紹介するのは、学校ではあまり教えていないポイントです。専門の知識がなくても、このポイントを教えることができれば、子どもからすればお父さん、お母さんとの練習の思い出にもなります。ぜひ家族練習にお役立てください。

まず大切なのは、スタートしてからのダッシュです。

スタートの姿勢は、幼稚園・小学校であれば立ったままで行うのがほとんどだと思います。できれば前傾姿勢で、スタートラインから数メートルは前傾姿勢から徐々に上体を起こしていくと速いスタートダッシュをきることができます。

ただし、前傾姿勢から上体を起こしていく動作は、個人の体力差に大きく関係していきますので、まずは、スタートのタイミングだけを意識してください。

次に重要なのは、目線は常にゴールを向いていることです。

実は多くの子どもがスタートからゴールまで真っすぐに走っておらず、これだけでかなりのタイムロスになります。最短距離を走ればそれだけタイムも上がりますから、真っすぐ走るためにゴール地点を見て走ることが重要です。

最後に、走っているときはあごを引くことです。

走る際の姿勢にはさまざまなポイントがありますが、子どもに説明するときに一番理解してもらいやすいのが、このあごを引いて走るということです。

走る際、腕を振る、足（太もも）を上げる、肩や手の力を抜くなどもありますが、いっぺんにいろいろなことを言うと、子どもはそれらを意識しすぎて動きがバラバラになってしまいます。

ですから、まずは以上の3つのポイントだけを押さえて練習してみてください。

練習の際は、スマホなどにストップウォッチ機能などがありますから、ぜひ記録を取ってみてください（計る際は、当然同じ距離で）。

まずは何も教えず記録を計り、そのあと、1つひとつのポイントを教えてそのつど記録を取れば、徐々にタイムが上がっていることを子どもも実感できるはずです。

では、かけっこのポイントをまとめます。

●かけっこのポイント

①スタートダッシュ（イチ・ニイ・ドン）

スタートのコツは、自分で走ることです。子どもたちを観察していると、「よーい・ドン！」の合図に合わせて出発しますが、耳で聞いて反応しているため、必ずと言っていいほどスタートが遅れます。

自分の心のなかで、「位置について」「よーい……（イチ・ニイ）……ドン」とすれば、絶好のスタートがきれるはずです。

②目線はゴールに向ける

もう1つ大切な要素は目線を定めることです。走るときに首を振ってしまう子、ジグザグに走ってしまう子がいますが、多くは目線が定まっていません。わき目をふらずに1つ（ゴール）に向かうことがとても大切です。

③あごを引く

走るのがヘタな子の多くはあごが上がっています。あごが上がると、姿勢が崩れます。正しい姿勢と正しくない姿勢、どちらが速いかは容易に想像がつくでしょう。あごを引くと、背筋が伸びます。背筋が伸びると、かけっこで大切と言われる〝腕振り〟と〝足の回転〟がやりやすくなります。ここは大切なポイントです。

「かけっこ」攻略のポイント

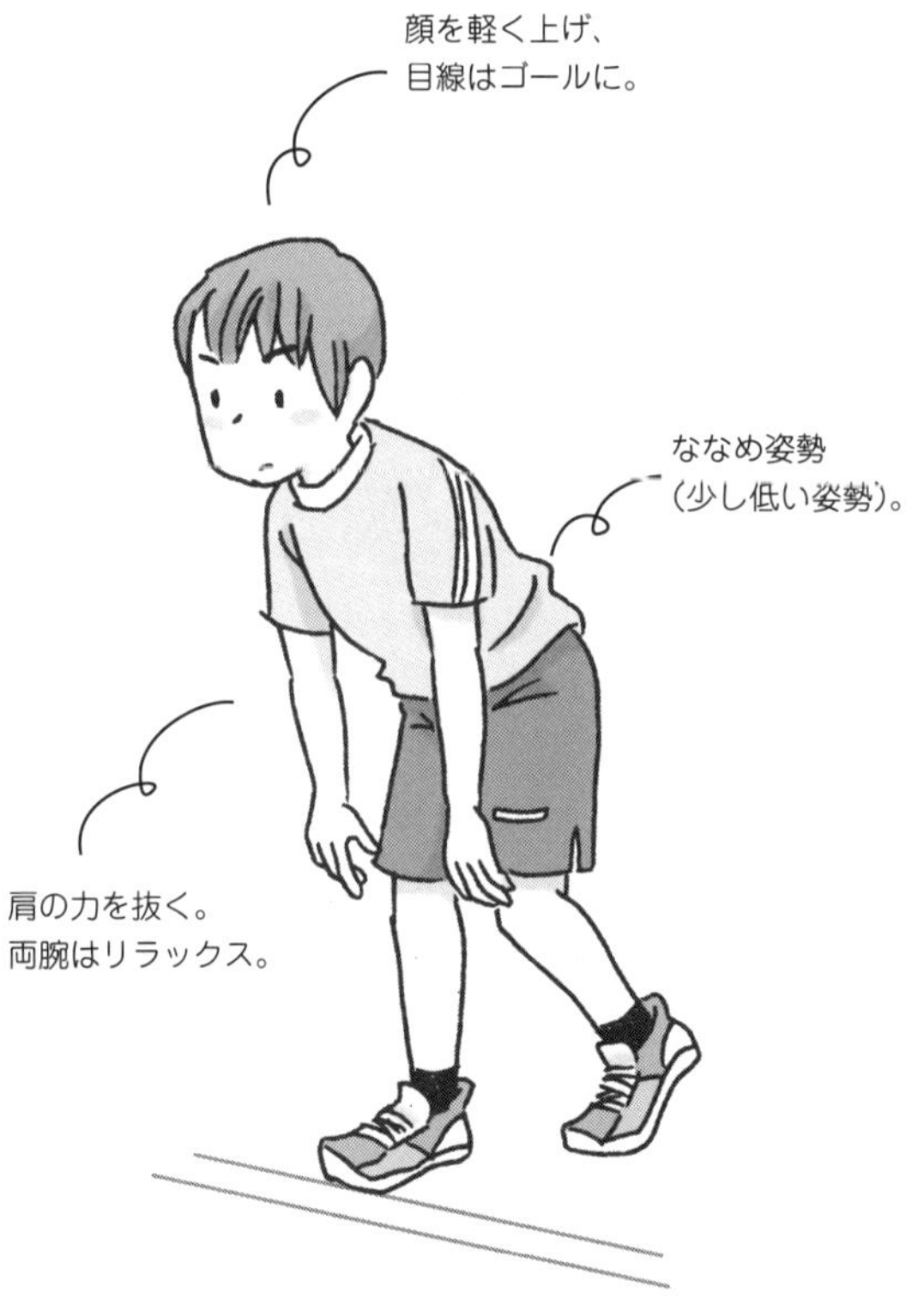
顔を軽く上げ、
目線はゴールに。
ななめ姿勢
（少し低い姿勢）。
肩の力を抜く。
両腕はリラックス。

あごを引き、
目線はゴール。
真っすぐ走る。
腕を振り、
太ももを上げる。
全力のまま
走り抜ける。
ゴール前は胸を突き出す。

「かけっこ」をさらに効果的に攻略するために

走るのが速くなる、さらなる効果的な練習方法として、ゴール時の練習をすることをお勧めします。

先ほども説明しましたが、スタートしてからゴールまで一直線にかけ抜けることが大事です。そのために目線をゴールに向かって走れば、多少は体のふらつきを抑えることができます。

さらに真っすぐに走り抜けるために、工事で使うようなコーンを置いてコースを作ります。すると嫌でも体は真っすぐに走らなければなりませんから、ふらつきの矯正《きょうせい》になります。

そして、多くの子どもたちがゴール付近で極端に遅くなってしまいます。

よく運動会の選抜リレー選手でアンカーを務める子どものゴールシーンなどを見る

と、ゴールテープに向かって勢いを落とさずそのまま突っ込んでいく姿が見られます。おそらくかけ足の速い子の本能なのかもしれませんが、通常人間は障害物を目の前にすると立ち止まってしまう生き物です。ですから、ゴールテープという存在も、思いっきり走ってきた場合、目の前でつい力を緩《ゆる》めてしまうのです（たとえ、ゴールテープが安全なものとわかっていても）。

そこで、お父さんやお母さんにはゴール地点でテープを持って子どもを迎えてあげてほしいと思います。ゴールテープはズボンのゴム紐《ひも》のようなものを使ってもかまいません。

子どもはゴールへの達成感を味わうことを繰り返すことで、ゴールへの意識がクセのようにつきます。

ゴールでのポイントは、テープを胸できること。もちろん速度は落とさずに走り抜ける感覚を身につけさせることです。あのウサイン・ボルト選手のゴールシーンを子どもに見せてあげることも、イメージトレーニングになるかもしれませんね（笑）。

「なわとび」ができるようになるための攻略法

なわとびは、膝を曲げないジャンプだと知っていますか？

お父さん、お母さんが描くジャンプのイメージは、「膝を曲げて、腕を振って、大きく！」だと思います。これを〝大ジャンプ〟だとすれば、なわとびで使うジャンプは、〝リズムジャンプ〟です。

膝の関節は調整で使い、足の裏、足首周辺の筋肉や柔軟性などを駆使して小さな動きで連続してとびます。つまり、なわとび用のジャンプが必要だということです。ここではリズムジャンプをつかむポイントなど、なわとびの攻略法をご紹介します。

そして、なわとびの基本である前回しと後ろ回しのポイントを解説します。

まず、なわとびの姿勢作りから始めます。足首の柔軟性をつけるために、普段から意識的につま先立ちで歩く時間を作ってください。

とぶときの秘訣は、膝を深く曲げてとぶのではなく、つま先から軽くとぶことです。とぶ際に膝は曲がりますが、自然に軽く曲がる程度でかまいません。それほど大きくとばなくても要は縄をとべればいいだけですから、つま先と膝の柔らかさを使って上にとぶことを教えてあげてください。

次に大事なのは目線です。

どんな運動にも言えることなのですが、目線というのは正しい姿勢を保つためには必要な要素です。まずは縄を持たずに、目線を真っすぐに向けたままとびます。

このときになわとびで使うリズムジャンプを行います。一定のリズムで目線を真っすぐに向いたまま、やわらかくとぶ練習をします。また、なわとびを片手に持ったまま一定に回して、縄が下にきたなと思う瞬間にとぶといった練習も効果的です。

最後に、実際になわとびを持ってとんでみます。

注意点として、なわとびを回す手の位置です。とくに幼稚園の子どもは、なわとびを回すということを意識して、肩から縄を回したり、腕から縄を回したりしてしまいます（これはこれで、とてもかわいいのですが）。

基本的には縄を手首で回すのが正解で、そのためには肘《ひじ》を体の脇につけて離れないようにします。あとはリズムジャンプと正確な姿勢で、縄を見ずに一定のリズムでとべばいいだけです。

後ろ回しも同じです。ただ後ろから縄が下にくる感覚がつかめないだけですから、そのリズムさえわかれば同じ動作でとぶことができるようになります。

この前回しと後ろ回しが自由自在にとべるようになれば、あとは2重とび、交差とび、あやとび、はやぶさ（2重交差とび）など、練習しだいでできるようになります。

それでは、なわとびのポイントをまとめます。

●なわとびのポイント

①つま先立ちで歩く

リズムジャンプ習得には、足首がベタベタと地面につくような歩き方ではいけません。かといって、急になわとび用のジャンプをやろうといってもできることではないので、普段から「つま先立ちで歩く」をやってみてください。1週間も続ければ、自然に足首の動きが身についていきます。

②目線を前に向ける

できない子の多くは、とべないからこそ、足もとや縄を見ようとします。足もとを見ると体が丸まってしまい、姿勢が崩れます。先ほど練習したリズムジャンプが機能しなくなりますので絶対にうまくとべません。しっかり正面を向いてとびます。

③前回し・後ろ回しは手首の回転と一定のリズム

肘をしっかり体の脇につけて、手首を使って縄を回せるようにします。

初めはとぶタイミングがつかめず、下を向いて縄を見てしまったり、とぶ際に足に力が入ってしまったりしてしまいます。

子どもの縄を回すリズムに合わせて手拍子などを使って、目線を真っすぐにしたままとぶようにします。

最初は失敗しますが、必ずとべるときがきます。そこをすかさずほめてあげてください。ここまでができれば、あとはたくさんの技が習得できます。

「なわとび」攻略のポイント

同じリズムでとぶ。
手首を使って
リズムよく回す。
膝は自然に
曲がる程度。

「なわとび」をさらに効果的に攻略……2重とびのコツ

小学校になってくると、ただとべるだけでは満足しません。

とくに、なわとび検定などを導入している学校に通っているお子さんをお持ちのお父さん、お母さんからすれば、さまざまなとび方を身につけてもらう必要があります。

なわとびの自信をつけるために絶対に大切なポイントは、2重とびのマスターです！　このために、準備のジャンプと、本ジャンプを分けることがコツです。

2重とびは単純に1度のジャンプ中に2回縄を回すことです。準備のジャンプの倍の高さをとぶことができれば、必然的に成功します。

普通の前回しの準備ジャンプと2重跳びでとぶジャンプという2種類のジャンプがあることを理解すれば、力の配分ができるようになり、意外と簡単にできるようになります（縄の回し方は同じです）。

あとはそのコツを体現できるように練習を積むだけです。

「とび箱」を上手にとぶための攻略法

人間はさまざまな恐怖を感じますが、そのなかでも圧倒的な恐怖を感じるのは〝高さ〟に対してです。

とび箱は、その高さへの挑戦となるため、恐怖を感じている以上は絶対にとべません。「お父さんはとべたのになぁ～」というのは、お父さんだからです。自分の子だからといって、子どもも上手にとべるとはかぎりません。

ですから、ここでは恐怖を感じないポイントをつかむことからお教えします。とくにとび箱の場合、実際にとび箱がある状況というのは少ないですから、とび箱がなくてもうまくなるポイントを解説していきます。このポイントで攻略すれば、自然とジャンプ力もアップしますよ。

ここで解説することはとてもシンプルです。とび箱は初めての授業でいったん恐怖を感じてしまうと、それをなかなか克服できません（恐怖のイメージを持ってしまいます）。

ですから、幼稚園やまだ体育の授業でとび箱を行っていない低学年のお子さんをお持ちの方は、事前に教えておくと、とび箱を見たときに楽しいものだと感じます。

まず、とび箱の恐怖をなくすために、子どもがとぶ高さを登ってみることです。

あなたは子どもの頃、高い木によじ登ったことがあるでしょうか。今の子どもたちは木に登るということをしません（むしろ危険だからやらせないという親が多いと思います）。

お子さんが木登りをしているのなら、正直この練習は必要ありません。というよりもむしろ、それほど活発なお子さんならとび箱は問題なくクリアしてしまうのでしょう（笑）。

さて、登ったら今度はそこから立ったままとび降りてみます。もしとび降りるのが恐ければ、お尻から降りることからでもかまいません。

登って降りる、この単純な繰り返しを行うだけで、箱をとぶという恐怖感はなくなります（ジャンプしてとぶという動作も取り入れてください）。


また、とび箱でもっとも大事なのは「踏み切り」です。

踏み切り板（ロイター板）を両足をそろえて力強く踏み切ることが、より高いとび箱をとべる要素にもなります。

とび箱が苦手な多くの子どもは、目の前にあるとび箱に恐怖を感じてしまうから止まってしまうのであって、それがなければ踏み切り板目がけて勢いよく走ることができます。

まずはとび箱（高い障害物）がないところで、同じ地点を両足でジャンプする練習をしてみてください。この感覚が身についてしまえばＯＫです。

あとは、とび箱のどの位置に手をつくか、足を広げてタイミングよく前に持っていくかなどは、実際のとび箱で体感するしかありません。

ですので、最後は子どもの勇気だけです（あまり技術的な解説をしても、それは大人が理論としてわかることであって、本当のところは役に立ちません）。一番は、あなたが実際に子どもの前でやってみせるのがいいのです。

それでは、とび箱のポイントをまとめます。

●とび箱のポイント

①障害物を登って下りてみる

前述した恐怖の克服には、相手を知ることが大切です。まずは、よじ登ってみる。上に乗って高さを感じて、ゆっくりとお尻をつけながら下りる。ここからスタートで何の問題もありません。

上に立って恐くなくなったら、そこからとび下りる。それができる頃には、その高さにいるのは当たり前になっています。ということは、その高さへの恐怖はなくなっており、結果、とぶことができるようになっています。

②高くとべるステップを覚える

いきおいよく走って、タイミングよく両足をそろえて踏み切る。たったこれだけです。練習は5メートルほど先に印を付けて、走っていって両足でジャンプをする（印に着地）。何度も練習をすれば必ずできます。一度できてしまえば、もう忘れることはありません。

③できると感じたらあとは勇気

あとは、練習したステップと、とび越えることに踏み出す勇気だけです。とび箱のどこに手をつくか、踏み切りがどうか、足の角度など、さまざまなやり方が紹介されていますが、できる子の解説であって、できない子がなぜできないかを考えられていないことが多くあります。

つまりここは、お父さん、お母さんがヒーローになるチャンスです。この3つのコツで絶対にとべます。そう信じて、子どもを励まし続けてください。

「とび箱」攻略のポイント

ジャンプして登ったり下りたりを繰り返す。

とび箱でなくてもよい。

ジャンプしたら
足をそろえて着地へ。

なるべく奥に手をつく。
頭は手よりも前にいく。
足をそろえて
しっかり着地する。

●ジャンプ力をつけるコツ

ジャンプは何度もチャレンジすることで身につきます。

片足ジャンプ、両足ジャンプ、走りながらのジャンプなど、さまざまな種類がありますが、ジャンプ力をつけるコツは、たくさんの経験をすること、これだけしかありません。

日常動作のなかで、ジャンプというのは起こり得ない動きです。緊急時やスポーツの動作でないかぎり、高いところに行く必要がないからです。食べ物は目の前にあり、階段やエレベーター、エスカレーターなど、多くの文明の進化により圧倒的にジャンプをする機会が減少しています。

毎日家の梁《はり》に向かってジャンプする。扉の枠に向かって10回とぶなど、ジャンプ目標を立ててクリアしてみてください。

もし計画的にジャンプ力を伸ばすのであれば、毎日ジャンプする場所を決めて、一番高く飛べたところに印を付けていくというのもいいかもしれません（柱に背の印を付けたように）。

第４章のポイントまとめ

●子どもにとって「逆上がり」「かけっこ」「なわとび」「とび箱」は人生の攻略。

●肥満気味の子どもには、欲望の強さを利用した楽しい運動から始める。

●逆上がりのポイント
①鉄棒にぶら下がりが5秒できること
②鉄棒の握り方（得意な握り方で練習する）
③蹴り上げた足が鉄棒の上までくること
④体を丸めて、おへそを鉄棒に近づけること

●かけっこのポイント
①スタートダッシュ（イチ・ニイ・ドン）
②目線はゴールに向ける
③あごを引く

第4章の
ポイントまとめ

●なわとびのポイント
①つま先立ちで歩く
②目線を前に向ける
③前回し・後ろ回しは手首の回転と一定のリズム

●とび箱のポイント
①障害物を登って降りてみる
②高くとべるステップを覚える
③できると感じたらあとは勇気

第5章

小学校必須の「新体力テスト」攻略法

小学校から始まる「新体力テスト」とは？

第4章までで、あなたのお子さんにとって運動がいかに大切であるか、運動好きになるとさまざまな副次的効果があるかをお伝えしました。また、実際にお父さん・お母さんと一緒に楽しめるエクササイズや「逆上がり・かけっこ・なわとび・とび箱」の攻略法も解説しました。

おそらく、ここまで子どもの苦手を克服できれば、もう運動好きになっていると思います。親子のコミュニケーションも増え、笑顔で運動に取り組む毎日が目に浮かびます。

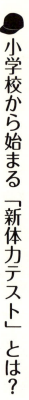

そんな日常のなか、小学校で毎年春に話題となるのが「新体力テスト」です。

新体力テストは、全国ほとんどの小・中学校で測定が行われています。運動を専門に学んだことのないお父さん、お母さんにとって、このテストは子どもの運動能力を測る指標としていらっしゃることでしょう。

いろいろとできるようになってきたから、きっと成績も良いのだろうと期待に胸をふくらませて結果を楽しみにしていることが想像できます。

私の運動教室でも、運動能力が高くなり、苦手種目を克服し、運動会でも1等賞を獲っている子が多くいます。多くがもともと運動が苦手というところから始まり、楽しみながらも努力を重ねて今の自分に成長しています。

そんな子どもたちでも、新体力テストを受けたときに大きなショックを受けることがあります。思っていたよりも成績（点数）が低いことです。

多くのお父さん、お母さんから「先生、どういうことですか？」「うちの子、うまくなってないですよね？」と相談されます。

これはなぜ起こるのでしょうか？

文部科学省のホームページによると、「新体力テスト」は、21世紀の社会を生きる人々が心身ともに健康で活力ある社会を営んでいくことを期待して行うものであり、国民の体力・運動能力の現状を明らかにし、体育・スポーツ活動の指導と、行政上の基礎資料として広く活用することを目的としています。

「体力・運動能力調査」として昭和39年以来測定していたものを、1999年より国民の体位の変化、スポーツ医学・スポーツ科学の進歩、高齢化の進展等をふまえ、これまでのテストを全面的に見直して、現状に合ったものにしたものです。

全国でも調査が必須になっている「新体力テスト」

現在、全国的に行われているこのテスト。

各都道府県の教育委員会でも、学力調査と並んで体力調査というものも行っており、ランキングも発表されています（次ページ参照）。

2009年1月、大阪府の子どもの体力が全国平均を大きく下回ったことについて、当時の橋本徹知事が、「公表すれば意識改革になる。子どもは冬も半袖、半パンでいい。学校だけでなく、保護者の問題でもある。甘やかせすぎのところは直さない

「新体力テスト」都道府県別ランキング

●小学5年生男子のランキング

順位	都道府県	平均点
1位	福井県	57.74
2位	茨城県	56.31
3位	新潟県	56.20
4位	石川県	56.07
5位	秋田県	56.00
6位	広島県	55.95
7位	埼玉県	55.67
8位	大分県	55.51
9位	千葉県	55.29
10位	富山県	55.10

●小学5年生女子のランキング

順位	都道府県	平均点
1位	福井県	59.89
2位	茨城県	58.95
3位	新潟県	58.37
4位	秋田県	58.27
5位	埼玉県	57.82
6位	富山県	57.66
7位	石川県	57.58
8位	広島県	57.38
9位	千葉県	57.15
10位	大分県	56.62

文部科学省「全国体力・運動能力、運動習慣等調査（平成27年度）」より

といけない」と述べて物議をかもしたことがありました。

体力は発達状態や体格による個人差が大きいので、テストの結果を公表したり、都道府県で競い合ったりすることが目的ではないのですが、学力同様、力を入れている行政も少なくないようです。

たとえば、千葉県教育委員会では新体力テストの優秀な子に対して、「運動能力証」を発行しています（次ページ参照）。２０１５年度の全国ランキングでは、小学校が男子9位、女子9位、中学校で男子5位、女子4位と高いレベルにあります。

私としては、行政が運動に力を入れていただいているのは好ましいですが、やはり運動が嫌い、運動が苦手という子どもに運動が好きになってほしいと思っております（結果的にランキングが上がりますが）。

ですから、小学校1年生のときよりも2年生のときのほうが点数がアップした、2年生のときよりも3年生のほうが点数がアップしたというように、子どもの運動能力が上がっているなと確認できる指標として、この新体力テストを活用してほしいと思っています。

「新体力テスト」優秀者に送られる「運動能力証」

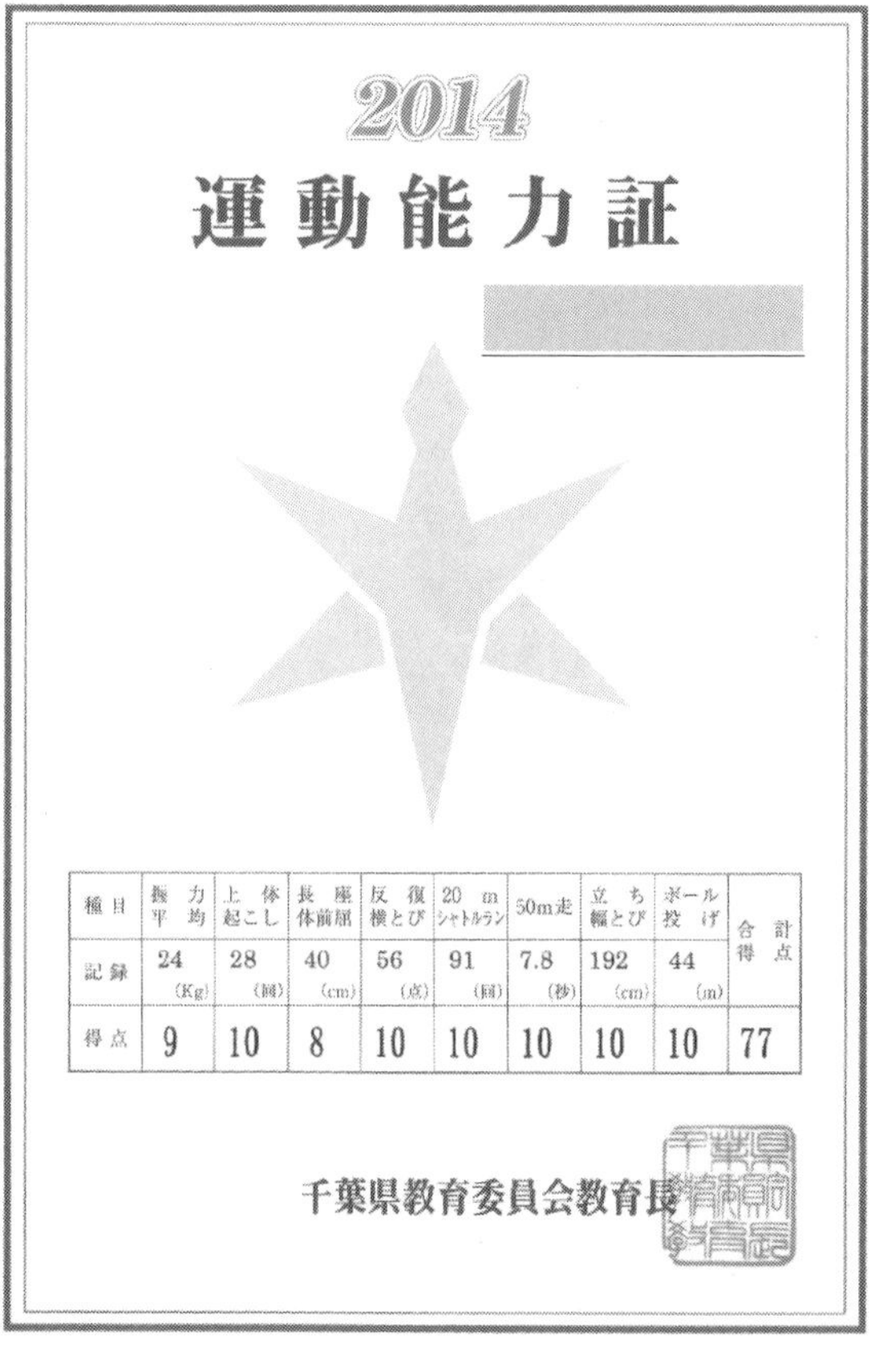

2014

運動能力証

種目	握力平均	上体起こし	長座体前屈	反復横とび	20mシャトルラン	50m走	立ち幅とび	ボール投げ	合計得点
記録	24 (Kg)	28 (回)	40 (cm)	56 (点)	91 (回)	7.8 (秒)	192 (cm)	44 (m)	
得点	9	10	8	10	10	10	10	10	77

千葉県教育委員会教育長

「新体力テスト」は8種目ある

さて、それでは新体力テストについて説明していきましょう。

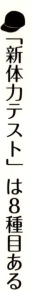

現在の新体力テストは8種目あります。

【握力】

握力は上肢筋力がどれくらいあるかを測るものです。スポーツでは、ボールを使用した投げる動作、バットやラケット、クラブなどを振る動作、体操の鉄棒などに必要な能力ですが、もっとも低下してきている種目です。

【上体起こし】

上体起こしは、腹筋を鍛える代表的なトレーニング法として知られていますが、腹筋だけを使って体を起こすものではなく、実際には、足の筋肉も使っています。筋持続力の指標として用いられています。

【長座体前屈】

長《ちょう》座《ざ》体前屈《たいぜんくつ》は、腰部から大腿《だいたい》部にかけての筋群（大腿二頭筋・大臀《だいでん》筋・腓腹筋・股関節など）の柔軟性を測るものです。腰痛などの障害予防に関連した体力要素としても採用されています。

【反復横とび】

反復横とびは、全身を使った側方への反復運動の速さ、敏捷性を測るものです。全身を使ってすばやく動かすことで、体の位置移動や方向を換えることにより運動制御の能力がわかります。

【20メートルシャトルラン】

20メートルシャトルランは、全身の持続力を測るものです。運動能力で重要な要素である最大酸素摂取量をアップすることができます。

【50メートル走】

50メートル走に関しては言うまでもないと思います。短距離を走るための瞬発力を測るものです。そのための筋肉量が必要ですので、子どもの筋力を見る指標としてはもっともわかりやすい指標です。

【立ち幅とび】

立ち幅とびは、主に下肢《かし》を使って、全身を水平方向にとぶパワーが要求されます。体をうまく使ってパワーを出せるかを測るものです。

【ボール投げ】

新体力テストのなかで、年々低下が著しいのが、このボール投げです。実際はソフトボールを投げる（中学生はハンドボール）のですが、このテストは、運動を調整する能力や、すばやく動き出す能力、力強さ、タイミングの良さなどを測るものです。

以上の８種目は、基礎体力を測るものですから、スポーツがうまいかどうかにはあまり関係がありません。その分、習慣化してトレーニングをすれば、誰でも成績が上がるのが特徴です。ですから、日々の遊びのなかで鍛えるコツ、また、測定時に記録が上がりやすくなるコツをお伝えします。

その前に、お父さん、お母さんに把握しておいてほしいのは、各種目の平均点です（１４７ページ、１４８ページ参照）。

この本は、幼稚園・小学校低学年のお子さんをお持ちの方を中心に解説していますので、中学生の平均点は省きます。

まずは、子どもに自由にやらせてみて計測値をとってみてください。

計測する場合に必要な道具はメジャーです。これは50メートル走まで計測したければ、長い距離を測れるメジャーが必要です。しかし、50メートルが計測できるメジャーは意外と高いものです（安くても7000～8000円以上します）。

小学校の校庭で50メートルのラインやマークを付けているところがあれば、そこを使って計測してください。また、距離を計測できるアプリもあるようですので広い公園などで試してみてください。メジャーは数メートル程度のものがあれば、長座体前屈、反復横とび、20メートルシャトルラン、立ち幅とび、ボール投げなどには使えると思います。

また、1つ残っている握力ですが、これには握力測定器が必要です。こちらは2000円前後で購入できます。子どもだけではなく、あなたも使えますので、ぜひこの機会に購入してみてはいかがでしょうか。

さて、道具もそろったら小学校の校庭や公園に行って、実際に計測してみましょう。まずは子どもに自由にやらせて、その結果を計測し、この本で解説しているコツを教えてからもう一度計測してみてください。

「新体力テスト」各種目の年齢別平均点（１）

年齢	握力(kg)		上体起こし(回)	
	男子	女子	男子	女子
	平均値	平均値	平均値	平均値
6	9.15	8.54	11.60	10.99
7	10.95	10.37	14.10	13.30
8	13.00	11.90	16.19	14.97
9	14.80	13.77	18.32	17.44
10	16.97	16.78	20.24	18.82
11	19.80	19.42	22.05	20.10

年齢	長座体前屈(cm)		反復横とび	
	男子	女子	男子	女子
	平均値	平均値	平均値	平均値
6	25.74	28.06	27.18	26.58
7	27.21	29.98	31.31	30.24
8	29.47	32.56	35.69	33.67
9	30.82	34.13	39.44	37.51
10	32.87	37.59	42.88	40.63
11	34.94	40.32	46.15	43.64

文部科学省「体力・運動能力調査(平成26年)」より

「新体力テスト」各種目の年齢別平均点(2)

年齢	20メートルシャトルラン(折り返し数)		50メートル走(秒)	
	男子	女子	男子	女子
	平均値	平均値	平均値	平均値
6	18.87	15.03	11.52	11.86
7	28.91	22.70	10.58	10.95
8	39.41	28.95	10.02	10.40
9	46.81	36.98	9.56	9.93
10	54.90	43.95	9.21	9.45
11	63.60	50.44	8.85	9.16

年齢	立ち幅とび(cm)		ソフトボール投げ(m)	
	男子	女子	男子	女子
	平均値	平均値	平均値	平均値
6	114.22	106.26	8.65	5.74
7	126.20	118.38	12.13	7.62
8	137.53	128.22	16.43	9.53
9	145.72	137.37	20.21	12.12
10	155.03	147.94	23.65	14.71
11	166.04	157.32	27.89	16.38

文部科学省「体力・運動能力調査(平成26年)」より

「握力」をアップさせるためのコツ

握力は筋力を測るテストです。昨今の子どもたちの運動能力でもっとも低下が見られる種目です。遊びの不足により、用具を握って運動することが少なくなりました。転んだときに体を支えられず骨折をしてしまう子どもが増えています。大切な〝手の力〟を身につけてください。

【日常】お風呂でグーパー

お風呂の湯船のなかで手をグーパーしてください。20回もやればだるくなってきます。水圧の抵抗を利用して力をつけましょう。目指せ、１００回！

【当日】握り幅を合わせる

握力のテストは、ただ握るだけと思われていますが、引っかける指の位置により数

「握力」アップのポイント

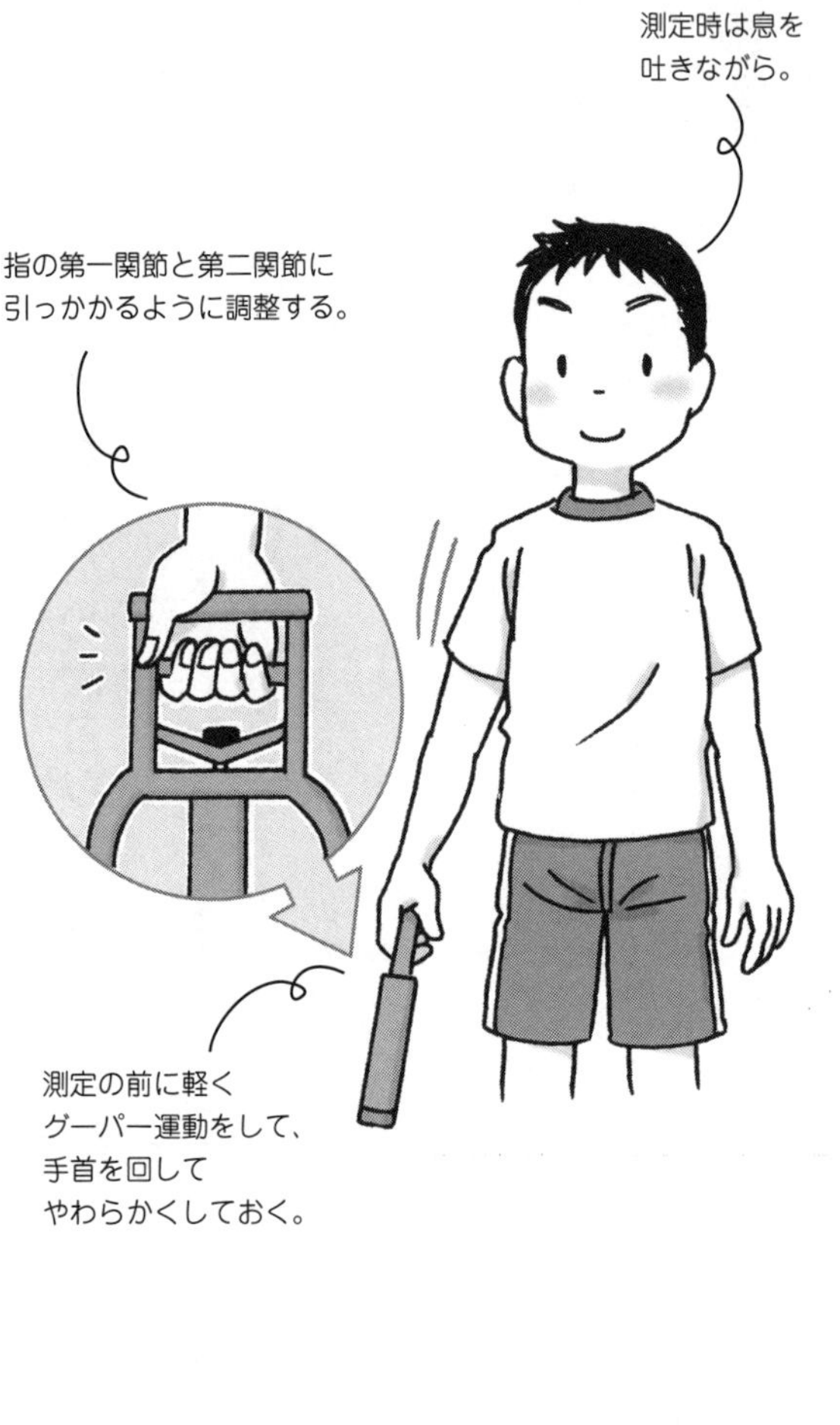
測定時は息を
吐きながら。
指の第一関節と第二関節に
引っかかるように調整する。
測定の前に軽く
グーパー運動をして、
手首を回して
やわらかくしておく。

値が大きく変わります。握力測定器にそれぞれ調整ねじがついていますので、自分の一番力の入りやすい位置を探してください。よくわからないようであれば、指の第一関節と第二関節の間が引っかかるように調整するのがお勧めです。

「上体起こし」をアップさせるためのコツ

上体起こしは、筋肉持続力を見るテストです。お腹と太ももの筋肉を使います。人間の持っている4大筋群のうちの2つを使います。大きな筋肉はたくさんの力を発揮しますが、使い慣れていないとうまく使うことができません。

【日常】腹筋運動の形に慣れる

多くの回数を行う必要はありませんが、形に慣れておかないとうまく体が動きませんので、遊びのなかでイラストのような形をつくり、動かしてみてください（次ページ参照）。

「上体起こし」アップのポイント

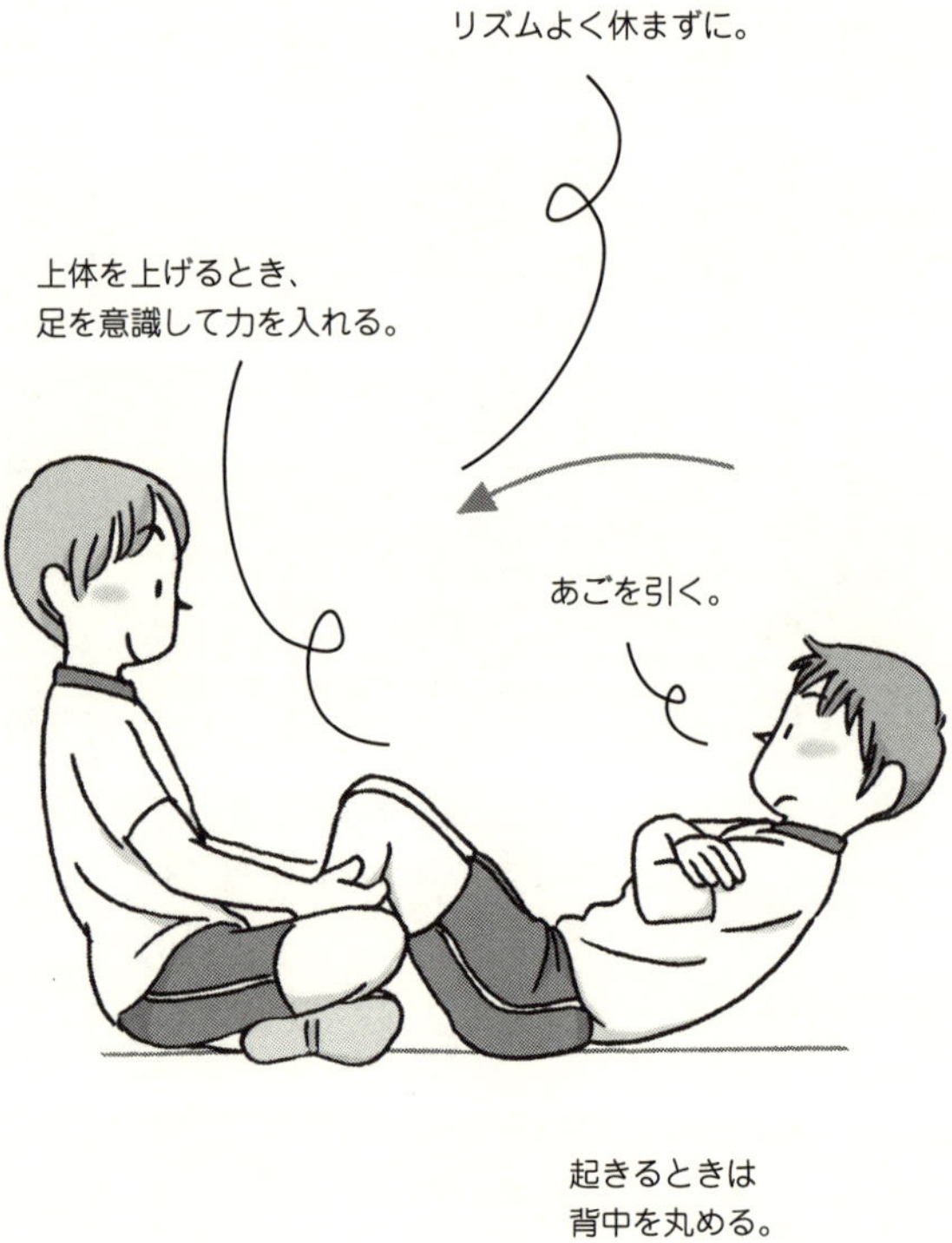

【当日】リズムよく行う

形ができるようになっていれば、あとはリズムを刻むことだけです。連続で筋肉を使う運動は、休むと止まってしまい、次に動くときは回復したあとです。筋肉に瞬間の回復はありませんので、30秒休まずにチャレンジしてください。必ずこれまでの最高の記録になります。

「長座体前屈」をアップさせるためのコツ

長座体前屈は柔軟性のテストです。柔軟性はケガを防ぐためにもとても大切な要素です。体がやわらかいことで運動能力が特別に高くなるわけではありませんが、ケガをして運動をする日常から離脱することが起これば、運動能力は格段に下がります。

【日常】お風呂上がりのストレッチ

毎日続けることが大切です。急激にやわらかくなることはありません。ゆっくりと時間をかけて（30秒程度）伸ばすことで、だんだんとやわらかくなります。毎日伸ばすことで、柔軟性とともに日常のリラックスまで手に入れることができます。

【当日】息を吐き、目線を前に

息をとめると体が硬直します。体が緩んだ状態を作るためには、息を吐く必要があります。また、目線を前に向けることで、体が丸まらずに遠くまで伸ばすことができます。

「反復横とび」をアップさせるためのコツ

反復横とびは敏捷性を測るものです。敏捷性は、とくに球技にとって大切な役割を果たします。ボールへの反応、相手との駆け引きなど、さまざまな場面で登場します。スポーツが得意かどうかに大きく関係する能力ですので、ぜひ身につけてください。

「長座体前屈」アップのポイント

息を吐きながら、
目線は前に。
計測前に長座体前屈と同じ姿勢で
ストレッチをしておくと良い。

【日常】石段やブロック、タイルなどをとび跳ねる

日常で歩く道にタイルやブロック、石段などさまざまな形のものがあると思います。自分なりのルールを決めて、ジャンプを繰り返すような遊びをするとたくさんの力が身につきます。お父さん、お母さん、大人から見たらふざけているようなことも大切な運動能力を伸ばすための運動になりますので、注意をするかどうかはよく考えてくださいね。

【当日】中心に軸をとる

左右の線に足を延ばす際に、体全体が左右にずれると体の移動分のタイムロスが起こります。常に頭を中心線の上に置き、下半身をスライドするようなイメージを持つことで記録が伸びやすくなります。あとは20秒休まずにチャレンジしてください。必ずこれまでの最高の記録になります。

「反復横とび」アップのポイント

線上に頭がくるように（体全体が
あまり左右に動かないよう）して
下半身をスライドさせる。
20 秒間休まずに。

「20メートシャトルラン」をアップさせるためのコツ

20メートルシャトルランは全身持続力を測ります。基礎体力としての要素はもちろん、あきらめずに走りきれるかも大切な能力です。

【日常】好きな距離を走ってみる

長距離走は、やってみると気持ちがいいものです。きついイメージがあるのは無理矢理決められた距離を走らされたり、人と比べるからであって、好きな距離を好きなペースで走れば絶対に気持ちがいいものです。健康や体力作りにも役に立ちますので、チャレンジしてみてください。走ることを好きになることがポイントです。

【当日】リズムに合わせる、きつくなったら腕を振る

最初の段階では歩いても間に合うような超スローペースです。自身のスピードで走

「20メートルシャトルラン」アップのポイント

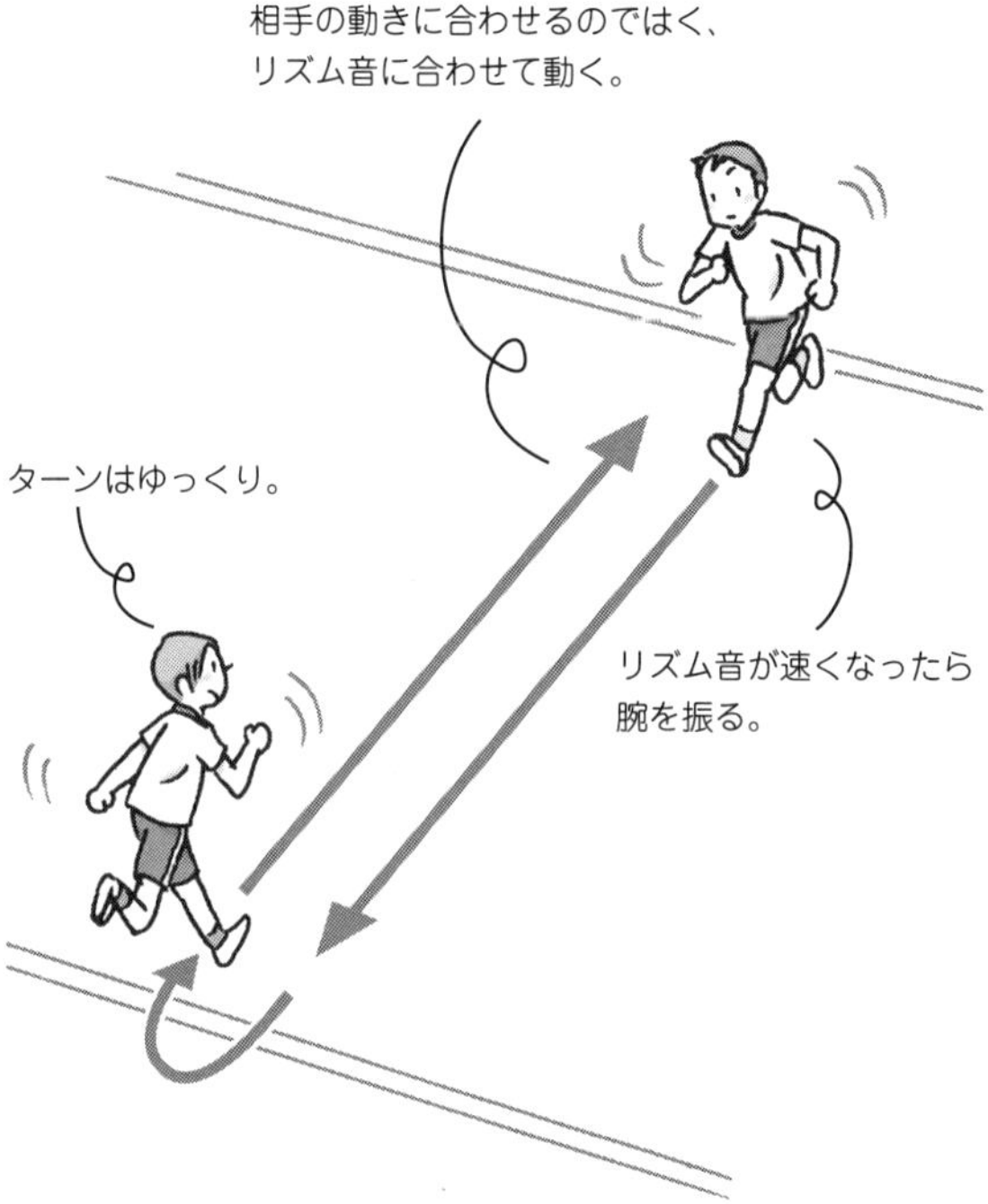

るより、音楽のリズムに合わせて走るほうが体力の消耗を抑えられます。また、リズムはだんだんと速く、きつくなりますので、そのときには腕を振ってください。速く走ろうと足を動かしても、足は言うことをききません。腕を振ればおのずと足は動きます。

「50メートル走」をアップさせるためのコツ

50メートル走は走能力を測ります。前述のかけっこの章でもお話をしましたが、短距離走は速ければ速いほどうれしいものです。日常、当日、どちらもトレーニングを積んで得意になりましょう！

【日常】鬼ごっこをたくさんする

足が速い子の多くは鬼ごっこが得意です。〝得意だからやる〟子もいますが、多くの子は〝やるから得意になる〟のです。走るトレーニングをすることも有効ですが、何よりも走ることが好きにならないと成果は上がりません。専門性の高いトレーニングを積む前段階として、走ることを好きになる。そのためには、楽しい鬼ごっこが最適です。

【当日】ゴールラインを走り抜ける

ゴールラインよりも少し先まで走る気持ちで走り抜けると良いタイムが出ます。というのも、ゴールラインを通過した時点がゴールとなるからです。勢いよく走ってきて、ゴールの直前で止まる子がいます。きっちりとゴールを意識しているのでしょうが、ゴールを走り抜けるまではゴールとなりません。少し先まで走るように教えてあげましょう（第4章でも解説したとおりです）。

「50メートル走」アップのポイント

あごを引いて目線は前に。
腕を大きく振る。
GOAL
ゴール手前で力を抜かず、
胸を突き出して走り抜ける
(ゴールラインの5メートル先を
ゴールとして意識する)。

「立ち幅とび」をアップさせるためのコツ

立ち幅とびは跳能力を測るものです。とぶ力は体全体の連動が大きなポイントとなります。

【日常】高いものを見つけたらジャンプしてタッチする

ジャンプは特殊な技能です。日常生活のなかで普通に生活をしていても、わざわざジャンプをする場面はありません。だからこそ、看板や標識、そのほか何でもかまいませんので、高いものを見つけたらジャンプして届くかどうかのチャレンジをさせてください。

家のなかでやりすぎて近所迷惑にならないようにお気をつけください（笑）。

【当日】腕が前にいったときにとぶ

立ち幅とびでは腕を大きく使うことが大事です。ただし、適切に使うことができなければマイナスに働くこともあります。ポイントは、大きく腕を振り、前に行くと同時にジャンプすることです。腕振りの大きな反動が前に大きくとぶための推進力となります。

「ボール投げ」をアップさせるためのコツ

ボール投げは投能力を測るものです。お父さんが忙しくなってしまい、親子でキャッチボールという光景が少なくなってきている現在、ボール投げの能力も非常に低くなっています。

それでも子どもはボールが大好きです。投げるコツさえつかめれば、誰でも上手に投げることができます。投げるための環境を作ってあげましょう。

「立ち幅とび」アップのポイント

腕を大きく挙げ、
膝を曲げてタイミングよくとぶ
（手の振りの反動と合わせる）。

足は肩幅。

着地のときは重心を前に
（体を前方に）。

【日常】ボールをたくさん投げる

家の近くでボールを投げる場所はありますか？　家のなかは窓ガラスが割れてしまいます。家の前では近隣のお宅に迷惑がかかります。公園ではボール使用禁止。このような環境ではうまくなるはずがありません。ボールを思いきり投げることができる公園を探しましたか？　室内で投げられるスポンジのボールを知っていますか？　人とボールを投げ合う楽しみを伝えていますか？　環境を作ることが子どもの成長にとって大切な要素です。

【当日】空に向かって投げる

ボールがもっとも遠くにとんでいく角度は45度です。子どもに角度を伝えてもなかなか伝わりませんので、空に向かって投げるように伝えてみてください。今までに見たことのない飛距離が出るはずです。

「ボール投げ」アップのポイント

斜め45度に向けて投げる
（空に向かって）。
肩を投げる方向に
しっかり向ける
（目線も前に）。
はっ
腕を大きく
振って投げる。

第５章の
ポイントまとめ

●「新体力テスト」は、前年の運動能力と比較するために利用する。
●「握力」アップは「お風呂でグーパー」。
●「上体起こし」アップは「腹筋運動の形に慣れる」。
●「長座体前屈」アップは「お風呂上がりのストレッチ」。
●「反復横とび」アップは「石段やブロック、タイルなどのとび跳ね」。
●「20メートルシャトルラン」アップは「好きな距離を走る」。
●「50メートル走」アップは「鬼ごっこをたくさんする」。
●「立ち幅とび」アップは「高いものを見つけたらジャンプしてタッチする」。
●「ボール投げ」アップはとにかく「ボールをたくさん投げる」。

第6章

運動能力を伸ばすための習慣

子どもがチャレンジしたことをすかさずほめる

1つのきっかけを与えることが、子どもを運動好きにし、運動習慣をつけるためにとても大切なことです。これまでの章では、そのための運動の攻略法やコツをお伝えしてきましたが、この章では、お父さん、お母さんが今すぐできるお子さんへの関わり方（子育てのコツ）についてお話ししていきます。

できないことにチャレンジするのは、子どもの特徴です。ゴールデンエイジ（3〜12歳）の子どもたちは、多くのことを身につけていくことに長《た》けています。できもしないことでも、何も言わずに見守れば必ずチャレンジします。

親の解釈で、それはできないと決めつけないことです。また、失敗が恥ずかしいと思わないことです。子どもたちからすれば失敗が当たり前なので、恥ずかしいなどという気持ちはいっさいありません。

エジソンの有名な話ですが、その当時、誰もができないと言われていた白熱電球を発明しました。そして、1万回以上の失敗を積み重ね成功をつかみ取りました。途中、周りの人から「なぜそんなに失敗してまでやるのですか？」と質問をされたそうです。その問いに対してエジソンは、「失敗をしているのではなく、1万回のうまくいかない方法を見つけただけだ」と答えたそうです。

また、彼の名言として、『私たちの最大の弱点はあきらめることにある。成功するのにもっとも確実な方法は、常にもう1回だけ試してみることだ』とあります。

子どもが何にでもチャレンジしたときには、ほめてあげてください。おそらく、ほとんどがうまくいきません。しかし、ほめることでもう一度挑戦する気持ちが生まれます。繰り返しチャレンジすれば、できないと思っていたことでもできる可能性が生まれます。そして、できるまでチャレンジした結果、不可能はなくなるのです。

たくさんのスポーツや道具にふれさせる

あなたは自分の好きなことが、どうやって見つかりましたか？

新たな体験、日々の経験、日常生活でふれたさまざまなものから、好き嫌いの感情は形成されていきます。好き嫌いを決めるためには、多くの経験をしなければいけません。

スポーツの種目は、それこそ何百種類もあります。

メジャーなスポーツだけでもいくつあるでしょうか。「野球、サッカー、バスケットボール、バレーボール、テニス、ラグビー、バドミントン、水泳、卓球、剣道、柔道、弓道、スキー、登山、サイクリング」などなど、数え上げればキリがありません。

これらスポーツというものには、それぞれに使用する道具があります。

また、その使い方やルールは地域や国によってさまざまです。

運動が好きになるかどうかは、単純にその種目が好きかどうかを知る必要があります。そのためには、たくさんの道具にふれて、たくさんの種目にチャレンジしてみることです。

日本は単一スポーツ文化のため、野球を始めたら野球をやり続けるということが多いのが特徴です。海外では、シーズンスポーツ制をとっていることが多く、プロのスポーツ選手もオフシーズンには自分の専門以外のスポーツを行っています。

いろいろなスポーツをやることはけっして悪いことではありません。むしろ小さなときほどたくさんの経験をし、本当に好きなスポーツや運動を見つけてほしいと思います。

好きなことを見つけることが、運動能力を伸ばすための最高の近道です。

親子でスポーツ観戦をする

私はお父さん、お母さんから、「私は運動をしていなかったから、この子もダメで……」という話をよく聞きます。

断言します。

あなたと子どもは関係ありません。

もちろん、遺伝的要因は先天的要素として多少なりとも関係します。それでも、子どもたちに大きく影響するのは、後天的要素である環境要因です。

子どものやりたいことをいかに応援できるか、子どもの成長に対してより良いものを選択できるかどうか。こういった考えができるかどうかがとても大切です。

では、何をしたら手っ取り早いかをお伝えします。

ずばり、「プロスポーツ観戦」をしてください。

「学ぶ」は「真似ぶ」と言われます。子どもの成長も、まずは見たものを真似することから始まります。

プロスポーツ選手は、その競技のトップクラスの人たちで構成されています。その人たちが見せるプレーは、その競技種目の最大のお手本です。

すべてを親ができればいいのですが、そんなわけにもいきません。誰しも専門は1つです。あなたができないのであれば、できる人を見せることも有効な手段です。

あなたの武勇伝（昔の部活の経験など）を話す

大好きなお父さんやお母さんの昔話は、多くの子どもたちにとって人気の絵本以上に楽しいものです。運動に関するお話をたくさんしてあげてください。

たとえば、

「お父さんは昔インターハイに出場して……」

「お母さんは運動が苦手だったから、マネージャーとして選手を支えて……」

「勉強は苦手だったけど、体育は大好きだったな……」

「試合には出ることができなかったけれど、一生懸命に引退までやり遂げたよ……」

などなど、成績や自慢できることでなくてもいいのです。すごいかどうかはいっさい関係ありません。


私の教え子に両親ともに運動をしていなかった子がいます。

もちろん、最初はまったく運動ができませんでした。その両親がお子さんに運動がうまくなってほしいために取った行動は、『伊藤先生への信頼』と『伊藤先生の運動のうまさ』を話してくれたことです。その子はあっという間に運動が上達し、チームに欠かせない存在に成長してくれました。

自分の大切なお父さん、お母さんが、運動の話をしたら、子どもたちは必ず目を輝かせてそれを聞きます。そして、そのスポーツをやってみたいと思うのは当然のことです。

少してもいいので、運動は毎日やる

私は根性論は好きではありません。無理をしてでもやる運動はケガを引き起こしてしまうリスクや運動が嫌いになる可能性があるからです。

でも、運動がうまくなるための一番のコツは「毎日やること」です。

とはいえ、子どもは体が未発達であるため、無理に運動をしなさいということではありません。鬼ごっこや、ジャングルジム、ターザンロープ……さまざまな遊びのなかから経験する運動で十分です。

子どもが大好きな遊びを毎日やることで、どんな子どもでも必ず運動能力が伸びていきます。

最初はヘタでも何でもいいので、「毎日やること」です。毎日やっていれば、それが習慣となり、習慣は知らず知らずのうちに能力を生みます。

これまでに紹介した4つの考え方で、子どものやる気を引き出すことに成功したら、次は継続を目指していきます。

楽しい遊びを通した運動を継続して経験する。どう考えても、うまくなる気しかしませんよね。

子どもの運動が長続きするために必要なこと

なぜ運動が長続きしないのか？

それは、子どものやりたいという欲求を満たすことに焦点を当てられていないことが原因です。

運動を長続きさせるために必要なことは、ただ1つ！〝楽しい〟という感情を引き出すことしかありません。

楽しい感情は、〝できた〟〝勝った〟〝悔しかった〟など、人それぞれにポイントが違います。その子にとって、運動が楽しいと思えるポイントを探すのは簡単なようで難しいものです。

私たちのようなスポーツ指導員は、子どもたちのそうしたポイントを探すプロです。そのポイントを見つけ、やる気を引き出し、やる気があるうちに能力を身につけてもらえるように指導します。

そして、常にその方法を勉強し、自分自身をブラッシュアップしていくことで、子どもたちにとって唯一無二の信頼できる先生を目指しています。

ただし、私たちのような指導員、体育の先生だけに任せていては子どもは育ちません。子どもは関わる大人みんなの愛情を受けて育つものです。

保護者は家庭教育に全力を！
教員は学校教育に全力を！
地域スポーツ指導員は地域教育に全力を！

それぞれが、それぞれの場でプロとしての力を発揮すれば、子どもは必ず運動を継続し、立派に育ちます！

私が指導者として目指しているビジョンは、子どもたちがイキイキと毎日の生活を送ることであり、家族が幸せな日常を過ごしていくことです。これを関わるすべての人に感じていただくためには、運動の素晴らしさ（付加価値）を伝え、運動を好きになってもらうことが必要だと思っています。

プロスポーツ選手という夢も素敵な目標ですが、プロを目指すことだけが運動の価値ではなく、〝自分自身がつかみたい将来のビジョンを描き、その未来をつかむこと

のできる人になる〟これこそが、運動・スポーツを楽しみ、継続した先につかむこと
のできる最高の価値であると確信しています。

第6章の
ポイントまとめ

●失敗しても子どもがチャレンジしたことをほめる。

●なるべくたくさんのスポーツにふれさせてあげることが運動能力を伸ばす近道。

●子どもが真似たいと思うように、親子でスポーツ観戦をする。

●運動に関するあなたの昔話を子どもにしてあげる。

●少しでも毎日運動を続ける。

●子どもにとって運動が楽しいと思えるポイントを探す。

おわりに

あなたの大切なお子様が運動に困ったら、ぜひ私たち「ルートプラス」へお任せください！

そう言いたいところですが、ルートプラスはまだまだ全国にお届けできておりません（笑）。しかし、日本中いや世界中のすべての運動が苦手な子、また、自信のない子どもたちを運動好きへと成長させ、自信をもって社会を強く生き抜いてほしいという想いに変わりはありません！

「子どもの運動オンチを少しでも直したい」「せめて一人前の運動能力を身につけてほしい」といった保護者の皆様に向けて、お役に立てていただければと思いこの1冊に私の知識をまとめました。

「子どもの運動能力をもっと伸ばしたい」という方にも使えるように、実践的な要素も多く取り入れました。ルートプラスを展開することができていない地域の皆様への一助となることができれば幸いです。

なお、1つだけ知っておいてほしいことがあります。

それは、【身近な保護者のサポートこそ、子どもの成長の最大要因である！】ということです。

実際に、私たちのようなプロの指導員や学校の先生がどんなに熱心に指導をしても、保護者の皆様との連携やかかわりによって子どもの成長度合いは大きく変化します。この本でお伝えしたように、難しいことをするのではなく、親子で一緒に運動に取り組むことこそが、成長への一番の近道です。

子どもたちにとって、保護者の皆様と一緒に遊んだり、体を動かした記憶は、楽しい記憶として心に刻まれます。

その結果、一緒に取り組んだ時間が、親にとっても子どもにとっても、かけがえのない思い出となり、最大の成長を引き出す鍵になると確信しています。

本書を読んでできそうなことがあれば、次の親子時間にぜひ取り組んでみてください。今まで以上の素敵な成長を体感することができるはずです。

この本を読んでいただいたあなたへ、お願いがあります。

本を読んでみての所感、実際にやってみての気づきなど、どんなことでもかまいません。ぜひ感想をお聞かせください。本気で読み、本気でお返事をさせていただきます（巻末著者プロフィールの下にあるメールアドレスへご連絡ください）。

《保護者の皆様へ》

運動の悩み、成長の悩みなど、保護者の皆様だけでは教えられない部分をサポートしています。子育ての一番の問題は、悩んでいる間にも子どもが成長していることです。一刻も早く子どものためになることに取り組むためにも、思い立ったらすぐにご相談ください。

《教職員の皆様へ》

学級経営で忙しい先生方、私たちは運動指導しかできませんが、運動の面だけでも一緒に考えることができることを忘れないでください。少しずつですが、外部との連携をとりながら、より良い教育を提供する時代へと変化しています。お互いの得意分野で手を取り合い、本当の意味で子どものためになる教育を実現してまいりましょう。ご協力できることがあればいつでもご相談ください。

《地域指導者の皆様へ》

運動指導のプロとして活動していくことの限界をさまざまな場面で感じると思います。会場が見つからない、地域とのかかわりが希薄、将来が不安など、たくさんの解決できない悩みを抱えながらも、毎日奮闘されていることと存じます。これからの時代は、地域と一体となり、たくさんの協力者とともに本物の指導を提供していくことが求められます。今後も継続した指導を普及していくために何でもご相談ください。

以上が、私からのお願いです。皆様と協力することで、子どもたちにとってのより良い環境づくりができることを楽しみにしております。

末尾となりましたが、最後まで読んでいただき、本当にありがとうございました。私は子ども、スポーツ、教育というキーワードでしか世の中に貢献できません。その分、この分野においては、とことんやりつくすと決めています。

『私は子どもたちの笑顔を引き出すヒーローです！』

ある研修を通じて、私が胸に刻んでいる言葉です。

この本を通じて1人でも多くの子どもたちが、お父さん、お母さん、先生、指導者から多くを学び、少しでも運動が好きになる手助けができたら、また、運動を好きになることにより人生が充実してくれたら、そして、笑顔になってくれたら、これ以上の喜びはありません。

私のこれまでの指導人生で出会ったすべての子どもたちとその保護者の皆様へ、大切なお子様の成長の一部にかかわらせていただいたことへ改めて感謝申し上げます。

また、これまでにご指導いただいた諸先輩方、大切に育ててくれた両親、毎日を幸せいっぱいに支えてくれている家族、そして、これからも共に夢を追い続けるルートプラスの仲間たちへ、感動する未来を提供することをここに誓います。

今後も本物の子どもスポーツ教育を広め、1人でも多くの子どもたちが笑顔になれるよう、より一層の努力を続けることをお約束させていただき、筆を下ろします。

2016年8月

伊藤　一哉

〈著者プロフィール〉
伊藤一哉（いとう・かずや）
福岡を中心に、全国でも数を見ない「自信を育むための運動教室」を展開する「キッズフィットネススクール ルートプラス」代表。これまでにサッカー、体操、空手、テニス、スポーツ家庭教師などさまざまな運動教室の運営に携わり、指導してきた生徒は1000人を超える。また、「指導に自信を持つ指導者を輩出すること」を目的とした学生のキャリア形成にも力を注ぎ、本物の指導が多くの子どもたちに届くように活動している。
福岡大学スポーツ科学部健康運動科学科スポーツ心理学専攻。小学校から大学までさまざまな競技種目を経験し現在にいたる。中学体育教師の親を持ち、運動へのコンプレックスから幼少期は大の運動嫌い。スポーツを楽しむというちょっとしたきっかけにより、自身の運動嫌いが変わったことから、世の中すべての子どもたちが運動好きになれるという強い想いを持っている。指導は熱血、子どもたちの運動能力を伸ばすことはもちろんのこと、挨拶・礼儀・チームワークなどが身につく指導を行い、保護者から絶大な支持を受けている。今回の作品が処女作となる。

◆キッズフィットネススクール　ルートプラスHP
https://roouteplus-kidsfitness.com/

◆メールアドレス
ito.k@roouteplus.com

カバーデザイン／常松靖史（TUNE）
本文イラスト／川野郁代
DTP・図版作成／白石知美（株式会社システムタンク）
逆上がりデータ提供／埼玉県教育局県立学校部保健体育課

子どもが変わる 運動能力を伸ばす育て方

2016年8月19日　初版発行
2024年4月23日　第2刷発行

著　者　伊藤一哉
発行者　太田　宏
発行所　フォレスト出版株式会社
〒162-0824 東京都新宿区揚場町2-18　白宝ビル7F
電話　03-5229-5750（営業）
03-5229-5757（編集）
URL　http://www.forestpub.co.jp

印刷・製本　中央精版印刷株式会社

ISBN978-4-89451-967-1　Printed in Japan

フォレスト2545新書

001	「損する生き方」のススメ	ひろさちや 石井裕之
002	脳と心の洗い方	苫米地英人
003	大好きなことをしてお金持ちになる	本田 健
004	あなたの会社が90日で儲かる！	神田昌典
005	２０２０年の教科書	菅下清廣
006	会社にお金が残らない本当の理由	岡本吏郎
007	なぜ、あの人は焼き肉やビールを飲み食いしても太らないのか？	饗庭秀直
008	富を手にする「ただひとつ」の法則	ウォレス・D・ワトルズ著 宇治田郁江訳
009	借金社長のための会計講座	小堺桂悦郎
010	リーダーが忘れてはならない3つの人間心理	小阪裕司
011	行動科学で人生を変える	石田 淳
012	私に売れないモノはない！	ジョー・ジラード スタンリー・H・ブラウン著 石原薫訳
013	コミュニケーション力を高める文章の技術	芦永奈雄
014	38歳までにするべき3つのこと	箱田忠昭
015	なぜ、脳は神を創ったのか？	苫米地英人
016	「お金」と「自由」を手に入れる！経済自由人という生き方	本田 健
017	怒らない技術	嶋津良智
018	テロリスト化するクレーマーたち	毛利元貞
019	あなたにも来る怖い相続	松田茂樹

020 一生クビにならない脳　篠原菊紀

021 「論理力」短期集中講座　出口　汪

022 日本人の小学生に100％英語をマスターさせる法　鵜沢戸久子

023 MBAで学ぶ負けない戦略思考「ゲーム理論」入門　若菜力人

024 ローマ字で読むな！　船津　洋

025 短く伝える技術　山田進一

026 バイリンガルは二重人格　苫米地英人

027 トラウマを消す技術　マイケル・ボルダック著　堀江信宏訳

028 世界に通用する子供の育て方　中嶋嶺雄

029 日本人のためのフェイスブック入門　松宮義仁

030 なぜか、人とお金がついてくる50の習慣　たかの友梨

031 お金が貯まる！家の買い方　浦田　健

032 新「伸びる人」の条件　安達元一

033 体内時計を調節する技術　平澤栄次

034 ゾーンに入る技術　辻　秀一

035 コーチが教える！「すぐやる」技術　井上裕之

036 一人でも部下がいる人のためのパワハラ入門　千葉　博

037 「オトナ脳」は学習できない！　苫米地英人

038 日本人のためのスマートフォン入門　松宮義仁

039 日本人だけが知らない！世界標準のコミュニケーション術　近藤藤太

040 強力なモチベーションを作る15の習慣　松本幸夫

041 新版「続ける」技術　石田 淳

042 終わらす技術　野呂エイシロウ

043 夢をかなえる方程式　苫米地英人

044 AKB48総選挙に学ぶ心をつかむ技術　三浦博史

045 新版 なぜ、社長のベンツは4ドアなのか？　小堺桂悦郎

046 3.11後、日本人はどう生きるべきか？　菅下清廣

047 NATOと言われる日本人　浅野 哲

048 ソブリンリスクの正体　浜 矩子

049 衝動買いさせる技術　松本朋子

050 なぜ、あの人の「主張」だけ通るのか？　太田龍樹

051 「遊ぶ人」ほど成功するホントの理由　佐藤富雄

052 一流をつくる「直感力」トレーニング　児玉光雄

053 数字はウソをつく　平林亮子

054 なぜ、留学生の99%は英語ができないのか？　藤永丈司

055 「できる人」を1分で見抜く77の法則　谷所健一郎

056 リーダーの「新常識」　石田 淳

057 悩まずに！今すぐ顧客が集まるマーケティング　町田和隆

058 5感を揺さぶり相手を口説くプレゼンテーション　小林弘茂

059 中国美女の正体　宮脇淳子 福島香織

060	怒らない技術2	嶋津良智
061	年収200万円からの「結婚してお金持ちになる」方法	谷所健一郎
062	メダリストの言葉はなぜ心に響くのか?	青島健太
063	一瞬であなたの人生を変えるシンプルな習慣	佐藤富雄
064	思い通りに人をあやつる101の心理テクニック	神岡真司
065	ビジネスマンのためのコンビニ栄養学	北嶋佳奈
066	天才なのに消える人 凡才だけど生き残る人	小宮山悟
067	情報量が10倍になるNLP速読術	松島直也
068	まとめる技術	中竹竜二
069	ライバルに差をつける半径5m活用思考	森 吉弘
070	フェイスブックで「気疲れ」しない人づきあいの技術	五百田達成
071	「ゆううつな月曜日」をシンプルにやり過ごす28のテクニック	中島孝志
072	バカを治す	適菜 収
073	「考える力」を身につける本	出口 汪
074	「インド式計算」で会社の数字に強くなろう	松本幸夫
075	エレファント・シンドローム	浜口隆則
076	納得しないと動かない症候群	松本幸夫
077	ゴルフは「ナイスショット」だけ憶えなさい	内藤雄士
078	週末を10倍楽しむ JR線乗りつぶしの旅〈関東編〉	赤川良二
079	笑う裏社会	島田文昭

100 頭のいい子が育つ 超・睡眠法 遠藤拓郎
101 評価される人が使いこなす 仕事の浅知恵67 車塚元章
102 嫉妬のお作法 川村佳子
103 笑日韓論 水野俊平
104 出口汪の使える論理力 出口 汪
105 一発合格者が磨いている 「超効率」勉強力 横溝慎一郎
106 煩悩バンザイ！ 向谷匡史
107 阪神タイガースのすべらない話 楊枝秀基
108 不安をなくす技術 嶋津良智
109 そのカタカナ英語、外国人には通じません ダニエル・カール
110 嫌われる男こそ一流 里中李生
111 長生きする人は唾液が多い 本田俊一
112 口ベタでも上手くいく人は、コレをやっている サチン・チョードリー
113 日本人のための クラウドファンディング入門 板越ジョージ
114 あなたの「影響力」が武器となる 101の心理テクニック 神岡真司
115 呼吸で心を整える 倉橋竜哉
116 読まずに死ねない哲学名著50冊 平原 卓
117 野菜は小さい方を選びなさい 岡本よりたか
118 幸せを拒む病 笠原敏雄
119 子どもが変わる 運動能力を伸ばす育て方 伊藤一哉